Dirk Schwarzenbolz

Ich, die Welt und DER da oben!

DIRK SCHWARZENBOLZ

ICH, DIE WELT UND DER DA OBEN!

Freche Ansagen, frische Fragen, fromme Gebete

Andachten und Impulse für die Jugendarbeit

neukirchener

INHALT

VORWORT

Überleg mal: Wie bist du eigentlich zum Glauben an Gott gekommen? Wer oder was hat dafür gesorgt, dass du heute hier sitzt und ein Andachtsbuch aufgeschlagen hast? Gab es ein einschneidendes Erlebnis, eine spezielle Freizeit, eine bestimmte Predigt? Oder bist du mehr so hineingewachsen in die ganze Geschichte mit Gott – in *deine* Geschichte mit Gott?

Eigentlich ist das aber auch ziemlich egal.

So unterschiedlich unsere Wege zu Gott auch sein mögen, fast immer haben andere Menschen entscheidenden Anteil daran. Gott benutzt Menschen, um sein Reich zu bauen. Das war früher schon so – und daran hat sich nichts geändert!

Ganz unterschiedliche Menschen übrigens, mit ganz verschiedenen Fähigkeiten und Eigenschaften: Alte und Junge, Männlein und Weiblein, Dicke und Dünne, Schlaue und weniger Intelligente …

Wer war das bei dir? Welche Menschen haben dir den Glauben an Gott nähergebracht? Welche ihrer Eigenschaften haben dich besonders beeindruckt? Wer waren sie – deine wichtigsten Glaubens-Influencer?

Und heute? Vielleicht hast du ja immer noch die gleichen Vorbilder wie früher. Heute hast du aber auch eine ganz andere, eine vielleicht ganz neue Chance: Du kannst auch zum Glaubens-Influencer für andere werden. Auch deswegen sitzt du ja jetzt gerade hier, mit diesem Buch in der Hand.

Wie gut die Andachten in diesem Buch ankommen – daran hast du entscheidenden Anteil. Es liegt zu einem ziemlich großen Teil in deiner Hand, ob die Gedanken, Fragen und Gebete in diesem Buch ihre Wirkung entfalten und etwas bewegen: Wer sagt, was er lebt, und lebt, was er sagt, dem nimmt man seine Worte ab. Eine solche Person wirkt echt und authentisch. Und nur echte Personen taugen als Vorbilder!

Keine Sorge – es geht nicht darum, sich in jeder einzelnen Situation zu verhalten wie der perfekte Christ. Das schaffen wir sowieso nicht. Das ist auch gar nicht nötig.

Es geht vielmehr darum, seine Zuhörenden mit hineinzunehmen in sein eigenes Leben. Wer andere auf einer persönlichen Ebene ansprechen will – und das wollen die folgenden Andachten schließlich –, der sollte nicht bei der trockenen Theorie stehen bleiben, sondern eigene, persönliche Erlebnisse einbauen. Erst dann wirken die Andachten lebendig.

Den theoretischen Input sollen jeweils die **Ansagen** bieten. Diese möchten die Jugendlichen ansprechen, sie motivieren und ihnen einen interessanten Einstieg ins jeweilige Thema bieten. Manchmal sind diese Ansagen noch ergänzt durch **Moderationshinweise** für die Leitenden.

Anlass zu möglichst offenen Gesprächen möchten dann die **Impulsfragen** geben. Diese können nach den Ansagen kommen, aber auch am Anfang stehen. Wer andere hierbei von eigenen Erfahrungen profitieren lässt – ja, auch von schwierigen, traurigen und unschönen –, dessen Meinung wird nicht nur gehört, sondern auch ernst genommen.

Wer eigene Erlebnisse mit anderen teilt, Gedanken, Freuden und Nöte preisgibt, der ermutigt andere, ebenso zu handeln. So können sich lebendige, offene und gewinnbringende Gespräche entwickeln.

Den Abschluss bildet das **Gebet**, von denen es manchmal auch mehrere zur Auswahl gibt. In einigen Kapiteln schließt sich noch ein **Filmtipp** oder ein weiterer Hinweis an, um das Thema zu vertiefen oder auch aus einem anderen Blickwinkel zu betrachten.

Die Übersicht am Anfang hilft dir, das jeweils passende Thema auszuwählen.

Sind sie dir eigentlich eingefallen, deine Glaubens-Influencer? Hast du dich daran erinnert, welche Ereignisse und Gespräche dein Glaubensleben am meisten beeinflusst haben? Es waren bestimmt nicht nur schlaue Worte und kluge Gedanken, oder? Es waren mit Sicherheit auch einschneidende, persönliche Erfahrungen – oder ehrliche Erzählungen von solchen Erfahrungen. Erzählungen von echten Menschen, von Menschen, denen man das auch glauben kann, was sie sagen. Stimmt's?

Wenn man „deinen“ Teenies in ein paar Jahren die Frage stellen wird, wer denn ihre Glaubens-Influencer waren, wer weiß – vielleicht werden manche dann deinen Namen nennen! Ist das nicht eine schöne Vorstellung?

Vielleicht können die folgenden Andachten ja ein wenig hierzu beitragen. Mich würde es freuen!

Be blessed

Dirk Schwarzenbolz

1. GOTT IST KEIN KAUGUMMIAUTOMAT

Ansage I

Ganz vereinzelt sieht man sie noch, die Kaugummiautomaten. Meist hängen sie vollkommen unbeachtet an der Wand eines alten Hauses. Ihr Lack blättert ab und sie sind offensichtlich nur noch da, weil sich niemand die Mühe machen will, sie abzuhängen.

Kaum jemand scheint sich für sie zu interessieren.

Früher war das anders: Immer wieder standen Kinder vor den Automaten, Münzen in den verschwitzten Händen. Genüsslich malten sie sich aus, wie wohl die verschiedenfarbigen Kaugummis schmecken würden und für wie viele davon ihr bisschen Geld reichen könnte.

Aufgrund dieser kindlichen Kundschaft ist es nicht weiter verwunderlich, dass die Automaten sehr einfach zu bedienen waren: Geld rein, ein kurzer Dreh am Griff und schon hielt man die begehrte Süßigkeit in den Händen.

Geht es uns mit Gott nicht manchmal ein bisschen ähnlich wie mit einem Kaugummiautomat? Halten wir ihn nicht manchmal auch für eine Art nette Erinnerung aus unserer Kindheit? Eine Erinnerung, die vielleicht ganz schön sein mag, aber für unser Leben heute keine Bedeutung mehr hat?

Gott als eine Art Wunsch-Erfüllungs-Apparat? Eine leicht zu bedienende Maschine, die heute aber längst überholt ist, die keiner mehr wirklich braucht?

Wie ich darauf komme? Ich erkläre es mal so: Er hängt zwar nicht an einer Wand, aber immerhin am Kreuz – also zumindest sein Sohn. Beachten tut ihn heute doch auch kaum noch jemand. Das Haus, wo man ihn hängen sehen kann, also die Kirche, ist auch meistens ziemlich alt.

Außerdem erzählt man uns doch immer, dass auch Gott einfach zu bedienen ist:

Man darf schließlich immer zu ihm kommen.

Man kann ihm alles sagen.

Man kann so mit ihm reden, wie man möchte.

Man kann sicher sein, dass er sich freut, wenn wir uns an ihn wenden. Und um mit ihm in Kontakt zu treten, braucht es noch nicht einmal Kleingeld.

Alles in allem also wirklich pflegeleicht, dieser Gott, oder? Natürlich darf man ihn auch um alles bitten, was man sich wünscht. Dafür hängt er doch schließlich da. Oder nicht?

Wenn dem aber so ist, dann soll er doch bitte auch möglichst alle unsere Wünsche erfüllen. Frei nach dem Motto: Gebet rein, Wunscherfüllung raus!

Allerdings ist es spätestens jetzt vorbei mit der Ähnlichkeit zwischen Gott und einem Kaugummiautomaten. Diese Rechnung geht nämlich nicht auf.

Gott ist eben nicht wie ein Kaugummiautomat, bei dem man Münzen einwirft und die entsprechende Menge Süßigkeiten erhält. Auch der Vergleich mit dem netten Kiosk-Verkäufer, von dem man ab und zu ein Bonbon geschenkt bekommt, passt nicht.

Man sollte Gott auch nicht mit einem Onlineshop verwechseln. Er ist kein himmlischer Lieferdienst, bei dem man gegen entsprechende Gegenleistung, sprich: Bezahlung, praktisch alles erhält – und wo Prime-Kunden gegen Zusatzgebühren extra Service erhalten.

Wenn das alles nämlich so wäre, dann wäre Gott ganz schön berechenbar. Gott wäre dann ja echt eine Art Automat. Eine Maschine, mit der man richtige Deals machen könnte. Man könnte regelrecht Preise mit ihm aushandeln und sich seine Hilfe praktisch verdienen. Gebet gegen Leistung sozusagen.

Gott könnte dann eine Gebets-Preisliste herausgeben, in der wir immer nachschlagen könnten; zum Beispiel: Wie viele Minuten Gebet kostet eine Eins in Mathe? Reichen vier *Vaterunser*, damit meine Oma wieder gesund wird? Wie oft muss ich in den Gottesdienst gehen, damit meine Eltern aufhören zu streiten?

Wir merken schnell: So einfach ist sie nicht, die Sache mit Gott. Gott sei Dank ist sie nicht so einfach!

Ein Gott, dessen Handeln ich durch meine Gebete bestimmen kann, wäre gar kein Gott. Er wäre dann wirklich eine Art Automat oder ein abgerichtetes Haustier.

Wer möchte schon einen Gott haben, dessen Handlungen er selbst bestimmen kann? Brauchen wir einen Vater im Himmel, der sich genauso verhält wie ein dressiertes Hündchen, das gegen die entsprechende Anzahl Leckerlis alles macht?

Nein! So einen Gott möchte ich nicht haben. Gott ist eben kein Kaugummiautomat. Er hat seinen eigenen Kopf, seinen eigenen Plan. Und das ist auch gut so – schließlich ist sein Plan besser als mein eigener, auch wenn ich das vielleicht nicht immer einsehen kann.

Impulsfragen

1. Kannst du dich noch an das vorletzte Weihnachten erinnern?
2. Falls ja – was hast du dir damals gewünscht?

3. Wenn du dich nicht mehr erinnerst, kannst du gleich zu Frage 5 springen.
4. Hast du damals bekommen, was du dir gewünscht hast?
5. Egal, ob du es damals bekommen hast oder nicht: Sind dir diese Dinge immer noch so wichtig, wie sie dir damals waren? Oder hast du heute schon ganz andere Sachen im Kopf? Neue Wünsche? Andere Vorstellungen? Coolere Hobbys?
6. Kannst du dir vorstellen, warum wir uns so schwer an manches erinnern können? Oder warum uns viele Dinge, die uns noch vor Kurzem sehr wichtig waren, heute ziemlich egal sind?

Ansage II

Die Antwort auf Frage 5 ist nicht besonders schwierig: Das Leben geht weiter – jeden Tag, jede Woche, jedes Jahr.

Wir alle verändern uns. Unsere Wünsche verändern sich auch. Manches von dem, was uns früher wichtig war, ist uns heute egal. Oder spielst du noch mit deiner ehemaligen Lieblingspuppe? Streitest du immer noch mit deinem Bruder um die tollste Playmobilfigur?

Nein, sicher nicht! Es gibt allerdings eine Ausnahme: Wenn dein Kuscheltier noch immer jede Nacht in deinem Bett schläft, brauchst du das niemandem verraten – das ist nämlich auch bei vielen anderen in deinem Alter so – es verrät nur keiner mehr ☺.

Weil sich unsere Wünsche verändern, ist es vielleicht doch ganz gut, dass Gott kein Kaugummiautomat ist. Es macht unter Umständen doch Sinn, dass er uns nicht alle unsere Wünsche erfüllt.

Gott sieht einfach weiter als wir.

Er denkt heute schon daran, was wir morgen oder übermorgen brauchen. Er weiß, was uns guttut und auch, was uns schadet – auch wenn wir das vielleicht gerade ganz anders sehen als er!

Gebet

Großer Gott!
Nein, du bist kein Kaugummiautomat.
Du bist keine Wunscherfüllungsmaschine,
die alle meine Gebete so erfüllt,
wie ich mir das vorstelle.

Du bist größer und schlauer als ich.
Du siehst weiter und hast den besseren Plan,
für mich, für uns
und für den Rest der Welt.

Nicht immer verstehe ich dich:
Warum passiert so viel Schlimmes?
Warum leiden Menschen?
Warum geht es mir nicht immer gut?

Nein, verstehen kann ich das nicht!
Das macht mich traurig und wütend.

Ich danke dir aber trotzdem,
dass du für mich da sein willst!
Gib mir doch immer wieder neues Vertrauen darauf,
dass du die ganze Welt in deiner Hand hast
und auch für mein Leben das Beste willst!
Amen

Tipp zum Weiterdenken

Es gibt Menschen, die danken Gott dafür, dass er ihnen eben *nicht* alle Wünsche erfüllt! Vielleicht wäre das ja auch mal eine Möglichkeit, oder?

2. ZUHAUSE

Ansage

Zuhause ist dort, wo dein Herz ist! Auf Englisch hört er sich noch ein bisschen griffiger an, dieser nette Spruch. *Home is where your heart is!*

Er geht leicht über die Lippen. Man kann sich ihn problemlos einprägen. Außerdem transportiert er eine nette Botschaft. Eine Botschaft, der wohl kaum jemand widersprechen wird. Zuhause ist dort, wo dein Herz ist.

Kein Wunder also, dass dieses schöne Motto viele Wohnungen ziert – auf Plakaten, in Bilderrahmen oder auch auf Handtüchern. Es ist der Titel eines Popsongs und auch ein junges Modelabel nennt sich so.

Leicht nachzuvollziehen, warum sich viele dieses Motto ausgesucht haben. Es liest sich gut, es hört sich gut an – und um den Sinn dahinter zu verstehen, reichen auch Grundkenntnisse in Englisch.

Eine kleine, einfache Wahrheit also, die auf viele Situationen und eigentlich für alle Personen passt. Man kehrt (hoffentlich!) immer wieder gerne nach Hause zurück; vielleicht zu seiner Familie, in sein eigenes Zimmer. Vielleicht auch zu einem geliebten Menschen oder in die eigene Wohnung, zu lieb gewonnen Möbeln und Erinnerungen. Vielleicht erwarten einen Eltern oder die Geschwister zu Hause, vielleicht auch Freunde. Manche sehnen sich nach dem vertrauten Bellen ihres Hundes oder dem Schnurren der Katze auf dem Sofa.

Home is where your heart is – diesem Slogan könnten wohl die meisten Menschen problemlos zustimmen.

In der Bibel kommt er nicht vor, dieser Spruch. Es gibt dort aber einen recht ähnlichen Vers. Frei übersetzt heißt er: *Your heart is where your treasure is* – Dein Herz ist dort, wo dein Schatz ist.

So steht es im Zusammenhang in der Bibel:
Häuft in dieser Welt keine Reichtümer an! Sie werden nur von Motten und Rost zerfressen oder von Einbrechern gestohlen! Sammelt euch vielmehr Schätze im Himmel, die unvergänglich sind und die kein Dieb mitnehmen kann. Wo nämlich euer Schatz ist, da wird auch euer Herz sein. (Matthäus 6,19-21; Hoffnung für Alle)

Dieser Abschnitt stammt aus der Bergpredigt, der bekanntesten Ansprache von Jesus. Wieder einmal hat er wohl recht, dieser Jesus. Anscheinend hat er die Menschen wirklich gut gekannt. Schließlich hat er ja auch noch andere Weisheiten erzählt; Weisheiten, die ebenfalls den Nagel auf den Kopf treffen.

Unser Herz hängt also an unserem Besitz. Soweit stimmt es schon mal, dagegen kann man kaum etwas einwenden. Nicht umsonst heißt es, dass man in Dinge, die einem besonders wichtig sind, viel Herzblut investiert. Damit ist wohl genau das gemeint. Wofür wir arbeiten, woran wir denken, was wir anstreben – daran hängt unser Herz.

Aber auf Dauer werden wir so nicht glücklich, meint Jesus. Die ganzen Schätze dieser Welt, denen wir vielleicht nachjagen, werden irgendwann kaputtgehen. Sie werden uns auf lange Sicht nichts bringen.

Auch diese Aussage drückt eine Wahrheit aus, der wir wohl kaum widersprechen können. Zumindest nicht, wenn wir länger als zehn Sekunden darüber nachdenken. Du glaubst es nicht? Dann überleg mal: Was hast du dir als kleines Kind schon gewünscht – und dann auch bekommen?

Eine Playstation?

Einen Koffer voller Lego?

Ein bestimmtes Buch oder Spiel?

Wie lange hat der Reiz daran angehalten? Wann wurde das vielleicht lang ersehnte Geschenk langweilig? Und wo ist es heute – falls du es noch weißt?

Ja genau, du kannst heute nicht mehr viel damit anfangen. Es hat in den meisten Fällen gar nicht so lange gedauert, bis der Reiz des Neuen verflogen war. Vielleicht ist es auch schnell kaputtgegangen, das neue Spielzeug. Egal, es interessiert dich einfach nicht mehr. Das damals so wertvolle Teil hat ganz einfach seinen Wert für dich verloren.

Glaubst du, das wird mit den Dingen, auf die du heute hinarbeitest, einmal anders sein? Ganz egal, ob du auf teure Sneakers sparst, dir einen Roller zulegen willst oder am Geburtstag auf ein neues Handy hoffst. Alle diese Dinge werden irgendwann ihren Wert verlieren. Dabei ist es ganz egal, ob sie irgendwann von Motten oder Rost gefressen werden, wie es in der Bibel steht, oder ob sie ganz einfach ihren Wert für dich verlieren. Materielle Schätze, die wir uns hier auf dieser Welt zusammensammeln, machen uns wohl nicht zufrieden oder glücklich – zumindest nicht auf Dauer!

Diese Welt bietet uns kein dauerhaftes Zuhause, keine endgültige Zufriedenheit. Manchmal spüren wir das sogar – je mehr wir darüber nachdenken, desto mehr.

Soweit das Problem. Aber was schlägt Jesus als Lösung vor? Wenn er wirklich so schlau war, dann sollte doch auch an seinem Lösungsvorschlag was Wahres dran sein.

Wir sollen seiner Meinung nach also keine Schätze auf der Erde aufhäufen. Wir sollen lieber Schätze im Himmel sammeln! Schätze im Himmel? Hm, was soll das denn sein?

Impulsfragen

1. Woran hängt dein Herz? Was ist dir am wichtigsten im Leben?
2. Warum sagt Jesus so etwas? Will er uns vielleicht die Freude am Leben nehmen oder was steckt für eine Absicht dahinter?
3. Wie geht das eigentlich – Schätze im Himmel sammeln? Was meint Jesus damit? Fällt dir ein Beispiel ein – oder mehrere?

(Antwortmöglichkeit: Mit den Schätzen im Himmel meint Jesus gute Taten; all das, wo wir uns für andere einsetzen, Nächstenliebe praktizieren und nicht nur auf unser eigenes Wohl schauen; all diese Dinge vergisst Gott nicht. Er merkt sie sich vielmehr genau – denn genau diese Dinge sind Schätze im Himmel; Schätze, denen weder Motten noch Rost etwas anhaben können; Schätze, die ihren Wert auf Dauer behalten! Klingt das nicht gut?)

Gebet

Lieber Gott!
Es stimmt.
So richtig zu Hause fühle ich mich hier nicht.
Wirklich ganz zufrieden,
tatsächlich restlos beruhigt,
ehrlich wunschlos glücklich,
das bin ich nicht!
Oder zumindest viel zu selten!
Mein Herz hängt an vielen Dingen,
die mir etwas bedeuten.
Trotzdem habe ich natürlich schon kapiert,
dass mich die Schätze dieser Welt
nicht glücklich machen werden.

Ich soll Schätze im Himmel sammeln,
schlägst du vor?
Meinen Blick auf dein Reich richten,
die Welt durch deine Augen anschauen,
mich in deiner Gegenwart verlieren.

Hilf mir,
genau das zu versuchen,
immer wieder neu!
Lass mich erkennen,
was ich an dir habe,
und motiviere mich neu,
Dinge für dich zu bewegen.
Es stimmt nämlich schon:
Home is where your heart is!
Und ich möchte mich gerne zu Hause fühlen
bei dir!
Amen

3. DATE MIT DEM BUNDESPRÄSIDENTEN

Ansage

Das Kopfkino geht los, sobald du die Einladung das erste Mal gesehen hast. Ein teurer Umschlag, drei Seiten hochwertiges Papier, mit Stempel, Unterschrift und allem Pipapo. Sogar der deutsche Wappenvogel, ich glaube ein Adler, ist eingeprägt.

Im Text dann die Erklärung: Du wurdest ausgelost unter allen Klassensprecherinnen und Klassensprechern deines Bundeslandes. Zusammen mit deinen ebenfalls ausgelosten Kollegeinnen und Kollegen aus den anderen Bundesländern bist du eingeladen beim deutschen Bundespräsidenten ins Schloss Bellevue nach Berlin.

Am Weltlehrertag, dem 5. Oktober, empfängt der Präsident nämlich immer wieder Leute aus verschiedenen Schulen – und diesmal darfst du dorthin. Es ist alles bereits organisiert, die Fahrt, die Unterbringung, das Programm – du musst dich eigentlich um gar nichts kümmern.

Krass, oder?

Aber kaum hast du kapiert, um was es geht, beginnen schon die Gedanken und die Sorgen:

- Warum bin ausgerechnet ich eingeladen?
- Was soll ich denn bloß sagen?
- Wie muss ich mich denn da verhalten?
- Und die schwierigste Frage – was soll ich denn nur anziehen?

Du siehst deine Mutter schon vor dir, wie sie in deinem Schrank wühlt, aber auch nach langer Suche kein passendes Outfit für diese Gelegenheit findet.

„Wir müssen unbedingt einkaufen", beschließt sie dann und klappt die Schranktür mit einem Knall wieder zu. Na toll! Nix gegen ein bisschen Shopping, denkst du. Aber ausgerechnet mit Mama??

Dir reichen schon ihre Kommentare über deinen Style an einem normalen Schultag. Was für Tipps hat sie wohl drauf, wenn es um eine Einladung zum Bundespräsidenten geht? Nein, darauf hast du definitiv keine Lust!

Schließlich wachst du auf. Als du realisierst, dass die ganze Sache nur ein Traum war, bist du erst mal erleichtert. Doch kein Shopping-Stress mit Mama. Ein bisschen enttäuscht bist du aber auch: Eine Einladung zum Bundespräsidenten – zum höchsten Mann im ganzen Land – kriegt schließlich nicht jeder.

Das stimmt allerdings. Ein persönliches Treffen mit dem höchsten Mann im deutschen Staat, davon können wohl die meisten von uns nur träumen. Schließlich gibt es nicht viele Leute, die mehr Macht haben.

Außerdem hat der Präsident ja alle Hände voll zu tun. Ein wichtiger Termin jagt den nächsten. Es ist kaum vorstellbar, dass jemand, der so wichtig ist, Zeit für dich hat. Oder dass er sich überhaupt für dich interessiert.

Umso schöner ist es doch, dass jemand anderes Interesse an dir hat. Jemand, der noch weit über allen Präsidenten dieser Welt steht – nämlich Gott!

Er interessiert sich nicht nur für dich, sondern er hat auch Zeit für ein Treffen mit dir. Oder für ganz viele Treffen. Immer wieder neu lädt er dich zu einem ganz persönlichen Meeting mit ihm ein. Seine schriftliche Einladung – die Bibel – ist weit verbreitet. Sie gilt dir genauso wie jedem anderen Menschen. Du brauchst übrigens nicht mal einen bestimmten Termin einzuhalten. Gott ist ultra-flexibel: so flexibel, dass *du* die Termine vorgeben kannst.

Ja, genau: Du machst die Termine – und Gott hält sich daran! Unglaublich, oder?

In Wirklichkeit ist es sogar noch besser: Gott hat immer Zeit für dich! Du kannst auch ohne Termin hereinplatzen zu ihm. Er schaut dich dafür nicht einmal schief an. Er fühlt sich auch nicht gestört von dir, obwohl er garantiert viel zu tun hat. Er freut sich über deine Termine mit ihm. Er mag es ausgesprochen gern, wenn du ohne Voranmeldung zu ihm kommst und ihm deine Sorgen und Probleme hinknallst. Er liebt es, wenn du ihm auch Schönes und Tolles erzählst.

Deine Besuche findet er übrigens nie peinlich oder unnötig, keine Sorge. Du musst auch nicht in die nächste Kirche, um ihn zu besuchen. Gott mag Hausbesuche bei dir, er trifft dich aber auch gerne im Bus, auf dem Schulhof oder sonst irgendwo. An Kleidervorschriften musst du dich natürlich auch nicht halten, das Shopping mit Mama kannst du dir also sparen.

Eigentlich gibt es nur eine Bedingung für die Treffen mit Gott: Du solltest ehrlich sein. Das ist aber nicht so schwer, weil er ja eh alles weiß!

Gott freut sich immer, wenn du zu ihm kommst. Sollte es dir aber aus irgendeinem Grund gerade überhaupt nicht passen, kannst du auch jemand anderen schicken. Als Vertretung für dich sozusagen. Die Vertretung richtet dann das aus, was du eigentlich selbst Gott sagen würdest. Fürbitte nennt man das. Das haben schon viele gemacht und gemerkt, dass Gott sich trotzdem um die Anliegen kümmert.

Gerne darfst du zum Treffen mit Gott übrigens auch Freunde mitbringen. Auch von ihnen braucht keiner eine Anmeldung. Gebetsgemeinschaft sagt man dazu. Gott freut sich darüber. Er hat gerne viele Leute um sich herum, auch gleichzeitig.

Das kann doch alles gar nicht sein, denkst du dir jetzt vielleicht. Wo gibt es denn so was? Tja, bei Gott gibt es so was! Wie wäre es, wenn du es einfach mal versuchst?

Impulsfragen

1. Kennst du einen echten Promi – also persönlich?
2. Warst du auch schon mal bei ihr oder ihm zu Hause eingeladen?
3. Wenn du keinen Promi kennst – wer ist dann die berühmteste Person, die du kennst? Der Bürgermeister? Deine Trainerin? Der Schulleiter?
4. Was macht diese Person denn berühmt? Warum ist sie bekannt?
5. Warum ist Gott eigentlich so „fame"? Warum kennt ihn jeder – zumindest dem Namen nach?

Ansage II

Wenn ein echter Promi dich einladen würde, dann würdest du dich geehrt fühlen, oder nicht? Wenn Gott dich einlädt, fühlst du dich dann auch geehrt – oder bist du vielleicht sogar davon genervt? Gott ist auf jeden Fall ein Promi – und er lädt dich ein. Jeden Tag neu! Ist das nicht krass?

Es wird aber gleich noch krasser: Gott lädt dich nämlich nicht nur ein! Er tut noch viel mehr!

Wenn du seiner Einladung nicht folgst, dann läuft er dir nach. Wenn du vergessen hast, dass Gott etwas mit dir zu tun haben möchte, dann sucht er dich. Er lässt sich nicht davon abhalten, nach dir zu suchen.

Ja, richtig. Er läuft dir nach. Er sucht nach dir, weil du ihm wichtig bist. Ja, du! Ganz genau! Du glaubst das nicht? Kein Problem – schau einfach mal in der Bibel nach. Dort steht oft genug, wie sehr Gott uns Menschen liebt. Ziemlich genau ist auch beschrieben, wie angestrengt Gott nach uns sucht – und wie groß seine Freude ist, wenn wir uns von ihm finden lassen. Im Lukas-Evangelium hat Jesus das durch drei Gleichnisse ausgedrückt. Vielleicht hast du ja Lust, sie zu lesen …

Tipp zum Weiterlesen

Lukas 15: Das Gleichnis vom verlorenen Schaf, vom verlorenen Groschen und vom verlorenen Sohn

Gebet

Lieber Gott!
Vorstellen kann ich es mir nicht so richtig,
dass du wirklich immer Zeit hast für mich.
Aber allein die Vorstellung ist echt schön.
Danke dafür!

Zeig mir doch, dass du da bist.
Lass mich erleben, dass man sich auf dich verlassen kann.
Gib mir Geduld, wenn du dich nicht so verhältst, wie ich mir das vorgestellt habe.

Danke für deine Einladung.
Vielleicht musst du mich ab und zu an unsere Treffen erinnern.
Danke, dass du das immer wieder tust – auch jetzt gerade!
In diesem Sinne – lieber Gott:
bis demnächst!
Amen

4. GEBET EINES UNBEKANNTEN

Gebet

Lieber Gott,
ich bin heute ganz zufrieden mit mir.
Ich habe noch niemanden angemotzt und war auch nicht wütend – außer vielleicht auf meinen Wecker, aber der zählt ja nicht, oder?
Mit meinen Eltern habe ich noch nicht gestritten und bis jetzt hat auch kein Lehrer mit mir geschimpft.
Ich habe noch niemanden angelogen und auch noch nichts geklaut.
Nicht einmal neidisch war ich auf irgendjemanden.

Aber in ungefähr einer Minute werde ich aufstehen – und ab dann brauche ich wirklich deine Hilfe!
Amen[1]

Ansage I

Jetzt aber mal ehrlich: Das schafft doch keiner:

- immer nett sein
- nix klauen und niemanden anlügen
- weder über Lehrer lästern noch mit den Eltern streiten
- sich über nichts aufregen und niemanden anmotzen
- nicht mal was Böses denken?

Sorry, aber das krieg' ich nicht hin. Niemals! Mag ja sein, dass Gottes Regeln Sinn machen. Daran habe ich gar keinen Zweifel. Aber einhalten kann das doch kein Mensch. Zumindest keiner, den ich kenne! So gesehen stimmt es vollkommen, dieses Gebet. Der Unbekannte, von dem dieses Gebet stammt – das könnte wirklich ich sein! Vor dem Aufwachen verbocke ich auch selten was – aber kaum bin ich aufgestanden, geht es schon los …

Impulsfragen

1. Die Bibel ist ja ein ziemlich dickes Ding. Kann man Gottes Regeln für uns auch kurz zusammenfassen – vielleicht sogar noch kürzer als die Zehn Gebote?
2. Tipp: Wenn dir nichts dazu einfällt, kannst du gerne nachschauen in Matthäus 22,37-39.
3. Überleg doch mal ganz für dich: Gegen welche von Gottes guten Regeln verstoße ich am häufigsten? Wobei bräuchte ich am dringendsten Gottes Hilfe?
4. Was ist der Sinn von Gottes Regeln? Wer hat etwas davon?
5. Viele Regeln Gottes sind so sinnvoll, dass sie auch in die Gesetze vieler Länder aufgenommen wurden. Fallen dir solche Regeln ein?
6. Nimm dir eine Minute Zeit und stelle dir vor, wie es wäre, wenn sich alle Menschen an diese Regeln Gottes halten würden. Alle Menschen auf der ganzen Welt: Alle Politikerinnen und Professoren! Alle Soldaten, Kämpferinnen und Rebellen! Alle Diktatoren (gäbe es die überhaupt noch?). Alle Chefinnen und Angestellte! Alle Arbeiter und Handwerkerinnen!
7. Was würde sich wohl verändern?
8. Hast du noch mal eine Minute? Dann stell dir jetzt einen Tag in deinem Leben vor; einen Tag, an dem sich alle Menschen, denen du begegnest, nach den Regeln Gottes Verhalten würden – schon von morgens an: Deine Eltern und Geschwister! Busfahrerin und Hausmeister! Die Lehrer und die Schulsekretärin! Alle Freunde und Freundinnen! Alle an meiner Schule! Vielleicht auch mein Fußballtrainer oder die Klavierlehrerin! Und nicht zu vergessen: ICH!

9. Wie würde sich wohl dieser Tag von allen anderen Tagen unterscheiden?

Ansage II

Was wäre das für ein Leben – in unserer Familie, an der Schule, unter Freunden und Freundinnen? Aber auch in unserem Dorf, in der Stadt? In unserem Land und auf der ganzen Welt? Wenn sich alle an Gottes gute Regeln halten würden? Vermutlich hätten wir dann fast den Himmel auf der Erde. Ein fast perfektes Paradies!

Vielleicht wird nach diesem kleinen Gedankenexperiment klar, was der Sinn hinter Gottes Regeln ist.

Allerdings gibt es ein Problem an dieser schönen Vorstellung: Niemand ist perfekt. Leider! Wenn wir wirklich versuchen wollen, ein gutes Leben zu führen, dann brauchen wir Gottes Hilfe. So wie der Unbekannte, von dem dieses Gebet am Anfang stammt. Und selbst dann werden wir es nicht ganz schaffen!

Menschen machen eben Fehler. Menschen verhalten sich leider nicht immer richtig. Aber Menschen können sich ändern. Gott möchte dabei gerne helfen. Menschen können damit anfangen, sich an Gottes Regeln zu halten – und so die Welt zu einem besseren Ort machen. Zu einem besseren Ort für alle!

Vielleicht schaffen wir das nicht gleich mit der ganzen Welt – aber wir könnten ja einfach mal beginnen, gleich hier und gleich jetzt! Viele Menschen sind übrigens schon dabei. So wie ein Klassenlehrer, den ich gut kenne: Er macht die Welt seiner Klassen jedes Jahr ein kleines bisschen heller. Das gelingt ihm übrigens nicht, weil er keine Fehler macht!

Er kriegt das nur hin, weil er genau das erkannt hat: dass er auch in seinem Beruf immer wieder Fehler macht – und weil er diese zugibt. Deshalb richtet immer vor den Weihnachtsferien diese kleine Ansprache an seine Schülerinnen und Schüler:

„Liebe Klasse!
Heute möchte ich mich bei euch allen entschuldigen!
Ja, ihr habt richtig gehört, entschuldigen möchte ich mich bei euch.
Wisst ihr, Lehrer wird man ja nun nicht einfach so, weil man auf alle anderen Berufe noch weniger Lust hat. Lehrer wird man, wenn man gerne mit jungen Menschen zusammen ist und ihnen wichtige Dinge beibringen möchte. Zumindest ist das bei mir so.
Als Lehrer möchte man natürlich alle Schülerinnen und Schüler bestmöglich fördern. Man möchte gerecht sein, alle möglichst gleich oft aufrufen und dafür sorgen, dass alle ihre persönliche Bestleistung bringen können.
Ihr könnt mir glauben, ich habe es versucht!
Aber ich habe es auch dieses Jahr wieder nicht geschafft!
Das tut mir leid.

Bestimmt habe ich manche mehr beachtet als andere.
Vermutlich habe ich einigen den Stoff besser und geduldiger erklärt als anderen.
Höchstwahrscheinlich habe ich die einen zu oft ermahnt, die anderen zu wenig.
Ja, ich war ungerecht zu manchen von euch!
Und ich hatte nicht immer nur gute Laune. Manchmal musstet ihr bestimmt darunter leiden, obwohl es nicht eure Schuld war.
Das alles war aber ganz sicher nicht meine Absicht! Es tut mir wirklich von Herzen leid und ich entschuldige mich bei euch allen dafür.

Und jetzt wünsche ich euch schöne Ferien – kommt gesund wieder!
Euer Klassenlehrer

Zum Weiterdenken

Gibt es jemandem, bei dem ich mich entschuldigen könnte?

Könnte vielleicht auch ich dadurch die Welt ein kleines bisschen heller machen?

5. TIPFY – GEBETSPROJEKT

Moderationshinweis

Liste der Teilnehmer, kleine Zettel und Stifte bereithalten, falls ihr das Projekt selbst durchführen wollt.

Ansage

T _ _ _ _
I
P _ _ _ _ _
F _ _
Y _ _

Galgenmännchen ist ja nun wirklich ein alter Hut. Dieses Spiel, bei dem man einzelne Buchstaben erraten und dann die gesuchten Wörter finden muss … Trotzdem spielen es auch 15- und 16-Jährige noch ganz gerne – zumindest im Unterricht, wie die Religionsgruppe der 9. Klassen.

Diese Aufgabe hier sieht auf den ersten Blick recht kompliziert aus. Aber dann erklärt der Lehrer, dass sie gemeinsam jede Zeile separat lösen werden.

Nach dem ersten Wort TODAY ist den Schüler klar, dass es sich um englische Begriffe handelt, und dann läuft es tatsächlich wie am Schnürchen. „TODAY I PRAYED FOR YOU!" Fiona errät den Lösungssatz als Erste und ruft ihn auch gleich lauthals durchs Klassenzimmer.

„HEUTE HABE ICH FÜR DICH GEBETET!", schreit Jona die deutsche Übersetzung nicht weniger laut hinterher und ergänzt gleich noch ein fragendes: „Hä, was soll das?"

Auch die übrigen Schülerinnen und Schüler blicken mit fragenden Mienen nach vorne zum Pult. Beschwichtigend hebt der Lehrer die Hand: „Immer der Reihe nach, lieber Jona, ich erkläre es euch doch." Langsam beruhigt sich die Klasse wieder.

„Ich hatte mal eine Freundin …", beginnt der Lehrer zu erklären, wird aber sofort von lautem Pfeifen und Gejohle unterbrochen. Lächelnd wartet er, bis es wieder ruhig ist.

„Nicht sooo eine Freundin! Eine ganz normale Bekannte eben! Ihr wisst doch, dass ich glücklich verheiratet bin." Zum Beweis hebt er seine Hand mit dem funkelnden Ehering. „Ich rede von einer ganz normalen Freundin. Sie war jünger als ich, aber wir haben uns echt gut verstanden. Sie wollte auch Religionslehrerin werden, aber sie war sich manchmal noch ein bisschen unsicher."

Zustimmendes Nicken einiger Schülerinnen und Schüler. Vielleicht können sie sich kaum vorstellen, dass jemand sich diesen Job freiwillig aussucht. Vielleicht haben sie aber auch Verständnis für diesen Berufswunsch.

„Ich war auf jeden Fall überzeugt davon", fährt der Lehrer fort, „dass dieser Beruf gut zu ihr passen würde. Richtig gute Religionslehrerinnen und -lehrer sind ja schließlich ziemlich selten. Zumindest hat das gestern eine Schülerin zu mir gesagt."

Nachdenkliche Blicke und vereinzelt auch zustimmendes Nicken.

Nur Tim ruft aus der zweiten Reihe: „Ja klar! Aber wir haben ja Glück gehabt mit Ihnen!" Unter dem zustimmenden Gelächter der Schüler hebt der Lehrer warnend den Zeigefinger. „Will sich etwa jemand einschleimen, Tim?"

„Nein", protestiert der Angesprochene postwendend, „das meine ich doch ernst!"

„Ja, ja", wehrt der Lehrer ab, „ich habe ja auch Glück gehabt mit euch!"

Wieder grinst die Klasse zustimmend. Diesbezügliches Lob sind sie offensichtlich nicht gewöhnt. „Aber zurück zu meiner Geschichte", meint der Lehrer und es wird auch erstaunlich schnell wieder ruhig im Klassenzimmer. „Ich hatte sie also gern, diese Freundin. Und ich war ziemlich überzeugt davon, dass sie eine gute Lehrerin werden würde. Deswegen habe ich einen kleinen Deal mit ihr gemacht: Ich habe ihr gesagt, dass ich ab und zu für sie beten würde. Als kleine Erinnerung daran würde ich ihr keine lange Erklärung schicken, sondern nur ein paar Buchstaben …"

„T-I-P-F-Y!" Diesmal brüllt es Jonas als Erster heraus und Kristina ergänzt wieder: „TODAY I PRAYED FOR YOU!" Jetzt ist der Lehrer an der Reihe, zustimmend zu nicken. „Genau. Und davor und dahinter noch den Emoji mit den gefalteten Händen."

„Süß!", ruft Alexa aus der letzten Reihe und auch Lea, Pascal und Leonie stimmen zu.

„Und", will Jonas wissen, „ist sie auch wirklich Lehrerin geworden?"

„Vielleicht bekommen wir sie ja nächstes Jahr in Religion", freut sich Kristina schon und setzt schnell hinzu: „Aber nur, falls wir Sie nicht behalten dürfen."

Auch der Lehrer muss jetzt lächeln. „Ehrlich gesagt, weiß ich das gar nicht ganz sicher. Irgendwie haben wir uns ein bisschen aus den Augen verloren. Schade eigentlich! Aber ich könnte sie ja mal fragen, ihre Nummer habe ich noch."

„Jaaa, machen Sie das?! Und schreiben Sie ihr einen Gruß von uns!"

„Genau!"

„Mal sehen, vielleicht mache ich das wirklich", meint der Lehrer nachdenklich. „Wir machen jetzt auf jeden Fall was anderes: Ihr überlegt euch mehrere Personen aus diesem Raum, die ihr gernhabt. Es können eure Kumpels oder Freundinnen sein, es darf aber auch jemand anderes dabei sein. Dann kommt ihr zu mir und gebt mir Bescheid, welche Person ihr euch als Erstes ausgesucht habt."

„Warum brauchen wir überhaupt mehrere Personen?"

„Weil jede Person nur einmal genannt werden darf. Falls euer bester Freund also schon von jemand anderem genannt wurde, braucht ihr Ersatz."

„Okay. Und dann?"

„Dann habt ihr eine Woche Zeit, einmal für eure Person zu beten. Sobald ihr das gemacht habt, schickt ihr dieser Person auch ein TIPFY …"

Der Lehrer wird unterbrochen von Alexa: „Dürfen wir auch die Gebetshände dazumachen?"

„Natürlich, gerne! In der nächsten Stunde frage ich euch dann, wer von wem unseren Gebets-Code erhalten hat. Dann sehen wir ganz schnell, wer es vielleicht vergessen hat."

„Aber Sie können doch nicht kontrollieren, ob wir wirklich gebetet haben!"

„Natürlich nicht", sagt der Lehrer. „Ich will euch auch nicht zum Beten zwingen. Aber eine kleine Anregung, ein kleiner Stups soll es schon sein! Vielleicht macht ihr auch die Erfahrung, dass es ein schönes Gefühl ist, wenn jemand an euch gedacht und vielleicht sogar wirklich für euch gebetet hat." Er macht eine kurze Pause. „Wenn jemand aber überhaupt keine Lust darauf hat, dürft ihr das gerne jetzt sagen und müsst dann auch nicht mitmachen. Auf eure Note hat das keinen Einfluss."

Der Lehrer wartet eine Weile. Die Schülerinnen und Schüler schauen sich um. Niemand meldet sich.

„Michaela?"

Der Lehrer hat den Gesichtsausdruck der Schülerin wohl richtig interpretiert.

„Eigentlich habe ich keine Lust zu beten", meint die Angesprochene dann auch. „Ich hab das nämlich noch nie gemacht. Aber anderseits, vielleicht probiere ich es auch einfach mal aus …"

Impulsfragen

1. Kannst du dir Gründe vorstellen, warum manche Schülerinnen und Schüler vielleicht nicht mitmachen wollen bei der Aktion?
2. Falls du noch in die Schule gehst – wie wäre wohl die Reaktion in deiner Klasse?
3. Wie würdest du reagieren, wenn dein Lehrer das TIPFY-Projekt mit deiner Klasse durchführen würde? Würdest du ihn unterstützen, ihn kritisieren – oder würdest du dich lieber raushalten?

4. Vielleicht habt ihr ja Lust, dieses Projekt auch in eurer Gruppe durchzuführen?
5. Eine mögliche Weiterführung wäre noch, dass ihr eurer Partnerin oder eurem Partner Gebetsanliegen mitteilt, für die sie oder er dann betet.
6. Natürlich darf man auch ganz groß denken:
   - Ihr könntet andere Jugendkreise mit einbeziehen.
   - Ihr könntet Armbänder gestalten (wie die bekannten WWJD oder P.U.S.H.-Teile).
   - Ihr könntet Gebetserlebnisse sammeln, z. B. auf einer Homepage, einem Instagram-Account oder – ganz altmodisch – bei Facebook ☺.
   - Ihr könntet versuchen, den örtlichen Pfarrer oder Kirchengemeinderat zum Mitmachen zu bewegen.
   - Auch YouTube-Clips wären denkbar, was bei Twitter oder bei Snapchat …

   Eurer Fantasie sind keine Grenzen gesetzt.

Egal, in welcher Form man mitmacht bei TIPFY: Eigentlich gibt es bei diesem Projekt nichts zu verlieren – nur zu gewinnen. Oder? Also los …

Vielleicht kennt ihr aus dem Gottesdienst das sogenannte „Stille Gebet“. Ohne zu sprechen, betet jeder in Gedanken – ganz für sich. Miteinander und füreinander – nicht einsam, sondern gemeinsam!

Und so geht es los:

Gebet

Lieber Gott!
Gemeinsam stehen wir jetzt vor dir. Danke, dass du immer Zeit hast für uns!
Danke, dass du uns immer zuhörst.
In der Stille beten wir weiter – miteinander und füreinander:
…
Gelobt sei Gott, der mein Gebet nicht vergisst.
Amen

6. DAS RAD – GEMEINSCHAFT

Moderationshinweis

Fahrradfelge als Anschauungsbeispiel mitbringen

Ansage

Wie viele Speichen hat eine Fahrradfelge? Und wie sieht es beim Rad eines schweren Motorrades aus? Wie viele Speichen hat so ein Rad? Schon mal überlegt? Was aber beinahe die interessantere Frage ist: Welche Speichen tragen eigentlich das Gewicht von Motorrad und Fahrer? Alle zusammen? Oder wechseln sie sich ab? Aber was machen dann die anderen Speichen so lange? Pause?

Egal, ob bei Fahrrad oder Motorrad: Das komplette Gewicht von Fahrzeug und Fahrer wirkt erst mal auf die Achse und die Radnabe. Das ist dieses Ding in der Mitte von jedem Rad. Von dort wird es über die Speichen, die Felge und den Reifen an die Straße übertragen. Das leuchtet vermutlich uns allen ein.

Erstaunlich daran ist, dass immer nur die Speichen das komplette Gewicht tragen, die ziemlich genau senkrecht nach oben zeigen. Das ganze Gewicht – und bei einem schweren Motorrad mit Fahrer, Beifahrer und Gepäck können das locker ein paar hundert Kilo sein – hängt also wirklich nur ganz wenigen, dünnen Speichen aus Draht! Alle anderen Speichen sind nur dazu da, die Radnabe in der Mitte zu halten und das ganze Rad zu stabilisieren. So lange, bis das Rad sich weiterdreht und die nächsten Speichen das Gewicht übernehmen.

Man braucht logischerweise ziemlich wenig Material für so ein Speichenrad – eben weil der Großteil nur aus wenigen dünnen Drähten besteht, den Speichen. Es ist außerdem leicht und man kann es auch gut herstellen. Wie gut es funktioniert, sieht man ja täglich. Man braucht nur auf die Straßen zu schauen, wo unzählige Fahrräder, Motorräder und andere Fahrzeuge mit solchen Rädern unterwegs sind.

So ein Rad mit Speichen ist ein tolles Bild für eine Gemeinschaft. Für eine Gemeinschaft wie zum Beispiel unsere Jugendgruppe oder eine Schulklasse. Auch auf eine Gruppe von Freundinnen und Freunden oder auf die Gemeinde lässt es sich gut übertragen. Die Speichen sind die einzelnen Mitglieder. Sie tragen die Last, sie übernehmen Aufgaben.

Am Beispiel einer Gemeinde wird schnell deutlich, wie gut das Bild mit dem Rad auf eine solche Gruppe passt:

Da gibt es Gemeindeleiterinnen und Prediger; es gibt welche, die gerne reden, aber auch die stillen Helfenden im Verborgenen; manche sind fit in den neuen Medien, andere kennen sich besonders gut in der Bibel aus; manche haben eher praktische Fähigkeiten, andere beten besonders treu. Vermutlich könnte man diese Aufzählung noch eine ganze Weile fortsetzen. Habe ich nicht recht?

Keine Speiche im Rad muss dabei die ganze Zeit die Last tragen. So wie das Rad sich weiterdreht, geht auch die Zeit weiter. Andere Speichen kommen an die Reihe, andere Leute übernehmen Aufgaben und tragen die Last. Manche tragen mehr, andere weniger, aber alle zusammen helfen, das Rad – die Gemeinschaft – zu stabilisieren.

Es sind nicht immer die gleichen Leute aus der Gemeinde gefordert. Mal sind eher die gewandten Rednerinnen gefordert, ein anderes Mal vielleicht mehr die praktisch veranlagten Anpacker. Manchmal ist man vielleicht besonders froh über die stillen Beter, die Instagramtauglichen Jugendlichen oder auch die bibelfesten Mitglieder. Und so weiter und so fort.

Gemeinde lebt nicht nur von der Vielfalt ihrer Mitglieder, sondern auch davon, dass nicht alle immer gleichzeitig Vollgas geben müssen. Für unseren Freundeskreis, auf der Arbeit oder auch in unserer Klasse gilt das Ganze in ähnlicher Form.

Eine Felge kann übrigens nur dann ihren Zweck erfüllen, wenn alle Speichen fest in der Mitte, in der Radnabe, verankert sind. Auch in unserer Gruppe muss das gemeinsame Ziel – die gemeinsame Mitte – feststehen, sonst funktioniert die Gemeinschaft nicht.

Weil wir hier ja eine christliche Gemeinschaft sind, müsste unsere gemeinsame Mitte Gott sein. Der ist uns schließlich allen gleich nah und möchte, dass es uns allen gut geht.

Genauso wie manchmal die Straße holpriger wird, wird manchmal aber auch in unserer Gruppe, in unserer Gemeinde alles stressiger und schwerer. Es kommen vielleicht fiese Schlaglöcher oder tiefer Schlamm. Manchmal geht es steil bergauf und dann wieder tief hinab. All das kostet Kraft und belastet eine Gemeinschaft.

Umso wichtiger ist es dann, fest zusammenzuhalten. Sonst kann es passieren, dass die Felge einen Achter bekommt und nie wieder richtig rund läuft. Aus diesem Grund sollen wir aufeinander achtgeben. Wir sollen uns dafür verantwortlich fühlen, wie es den anderen um uns herum geht. (Im vorherigen Kapitel geht es übrigens genau darum: Wie wir aufeinander achtgeben können. Es heißt „Projekt TIPFY“ – vielleicht ist das ja eine Idee für euch, falls ihr es noch nicht ausprobiert habt …)

Impulsfragen

1. Überlege doch mal, an welcher Stelle du selbst gerade stehst – du als „Speiche" im Gemeinschaftsrad deiner Jugendgruppe. Was sind deine Aufgaben? Hast du Spaß daran? Fühlst du dich gut aufgehoben und gut eingebunden in dieser Gemeinschaft?
2. Legt ein großes Plakat in die Mitte mit einem großen, skizzierten Rad darauf. Als Speichen könnt ihr die verschiedenen Aufgaben ergänzen, die es in eurer Gruppe zu erledigen gibt. Das zeigt, wie wichtig jede und jeder Einzelne für die Gemeinschaft ist.
3. Welche Hindernisse musstet ihr als Gruppe schon bewältigen? An welchen Stellen kamen die fiesen Schlaglöcher oder die steilen Berge? Was hat euch in diesen Situationen geholfen?
4. Wie konntet ihr diese Herausforderungen bewältigen?

Gebet

Großer Gott!
Du hast uns alle einzigartig gemacht.
Manchmal erkennen wir gar nicht, wie wertvoll jede und jeder Einzelne von uns ist – eines deiner ganz besonderen Meisterstücke.
Hilf uns, gut aufeinander aufzupassen! Schenke uns einen aufmerksamen Blick für die Nöte und Sorgen der anderen.
Gib uns die rechten Worte auf die Zunge und ausreichend Geduld zum Zuhören – und die Weisheit, zu erkennen,
was von beidem gerade dran ist.
Segne uns und unsere Gemeinschaft!
Amen

Tipp

Um das Thema Gemeinschaft geht es auch in der Rock-Ballade „In The Kingdom" von der Band „Whitecross", anzusehen z. B. auf YouTube[2].

7. BARBIES

Ansage

Zugeben würde ich es niemals, schon gar nicht vor den Kumpels oder meinen Freundinnen. Aber trotzdem ist es so: Manchmal sehne ich mich zurück! Zurück in die Zeit, als ich noch ein kleines Kind war. Ja, genau – ein ziemlich kleines Kind sogar!

Meine Welt war wunderbar klein und herrlich überschaubar. Ich habe mich nicht eingeengt gefühlt, sondern gut aufgehoben und beschützt.

Ja, das Leben als kleines Kind war schön! Den ganzen Tag durfte ich spielen, mit Matchbox, Playmobil oder Barbies. Ein echtes Paradies, ohne Sorgen, Stress und meistens auch ohne schlechte Laune. Zumindest, soweit ich mich erinnern kann …

Ich musste mir keine Gedanken machen über Schulstress, Noten, fiese Lehrer oder Mobbing. Ich hatte nicht den Stress, mir einen Ausbildungsplatz suchen zu müssen oder mir Gedanken zu machen, was ich beruflich einmal machen will.

An ernsthafte Streitereien kann ich mich nicht erinnern, ich hatte keinen Leistungsdruck und auch keinen Grund, mir wegen irgendetwas ein schlechtes Gewissen zu machen – warum denn auch! Verglichen mit heute hatte ich wirklich keine Sorgen.

Und wenn dann doch einmal ein Problem auftrat, dann war ich fest davon überzeugt, dass meine Eltern es für mich lösen würden. Und genau das haben sie dann auch getan – zumindest aus meiner damaligen Sicht heraus.

Und jetzt? Größer ist sie geworden, meine Welt. Viel größer. Größer, vielfältiger, spannender – aber auch viel, viel komplizierter. Dass ich keine Sorgen und keinen Stress habe – nein, so etwas kann ich nicht mehr behaupten. Ganz im Gegenteil! Manchmal wird es mir ehrlich zu viel. Dann habe ich den Eindruck, dass irgendwie jeder was von mir will und ich es keinem recht machen kann. Die Lehrer stressen, die Eltern schimpfen und Geschwister nerven. Nicht einmal meine Freundinnen und Freunde verstehen mich immer.

Ich muss leider feststellen, dass ich mit vielen Schwierigkeiten nur sehr schwer zurechtkomme. Außerdem ist mir schon länger klar geworden, dass manche Probleme auch einfach eine Nummer zu groß sind für meine Eltern. Außerdem möchte ich mir mittlerweile auch nicht mehr unbedingt bei allem von ihnen helfen lassen. Schließlich will ich meine Dinge doch lieber selbst in die Hand nehmen.

Manchmal sind meine Eltern sogar selbst das Problem. Oder zumindest ein Teil davon. Freundinnen und Freunde können auch nicht immer helfen, wissen nicht immer eine Lösung. Außerdem kämpfen viele von ihnen mit ähnlichen Problemen und Sorgen, bei denen ich ihnen eben dann auch kaum helfen kann. Ein ziemliches Chaos also, mein Leben. Zumindest manchmal.

Sie ist wirklich komplizierter geworden, meine Welt. Seit ich kein kleines Kind mehr bin, beginne ich auch zu ahnen, dass es für manche Schwierigkeit vielleicht gar keine Lösung gibt. Ganz langsam wird mir bewusst, dass es für manche Situationen eben kein Happy End gibt; dass manche Ungerechtigkeit eben bestehen bleibt; dass es für manches Leid eben keinen Trost geben wird. Zumindest nicht auf dieser Welt.

Das Leben ist nicht immer fair! Je älter ich werde, umso klarer wird mir das. Je älter ich werde, umso bewusster wird mir auch, dass es keine Möglichkeit gibt, die Zeit anzuhalten. Jede Stunde, jede Minute kommt und geht – unaufhaltsam.

Ich werde älter und reifer. Und ich beginne zu begreifen, dass nicht unbedingt alles einfacher wird, wenn man älter wird. Vielleicht gilt ja eher das Gegenteil. Je älter man wird, umso komplizierter wird das ganze Leben. Ob ich das überhaupt will – älter werden – hat mich übrigens keiner gefragt. Aufhalten kann ich es sowieso nicht.

Mich beschleicht das dumpfe Gefühl, dass ich mehr Verantwortung übernehmen muss für mein Leben; vermutlich in Zukunft noch viel mehr als jetzt!

Genauso wenig, wie man die Zeit anhalten kann, kann man sie zurückdrehen. Keinen Tag, keine Stunde, nicht einmal eine Minute kann man jemals wieder zurückholen. So sehr man sich das vielleicht manchmal auch wünschen mag. So wie dann, wenn ich mich ganz heimlich zurücksehne in meine kleine, heile Kinderwelt. Zurück in das bunte Durcheinander meines Kinderzimmers. Ein Durcheinander ohne ein einziges Problem – aber mit jeder Menge toller Spielsachen.

Leider wird das wohl ein schöner Wunsch bleiben. Wenn sich die Zeit aber weder zurückdrehen noch aufhalten lässt, dann ist es doch umso beruhigender, dass wir einen Vater im Himmel haben! Einen Vater, den wir zwar nicht sehen, der sich aber an uns freut. Einen Vater, den unsere Gedanken und Sorgen interessieren, ganz egal, wie alt wir sind. Einen Vater, für den auch heute noch kein Problem unlösbar ist – auch wenn er natürlich nicht immer so handelt, wie wir uns das so vorstellen. Einen Vater, dessen Kinder wir bleiben dürfen. Auf immer und ewig!

Impulsfragen

1. Welche Erinnerungen an deine Kindheit hast du? Was war dein Lieblingsspielzeug?
2. Hast du dich (im Rückblick) auch so geborgen gefühlt wie vorhin beschrieben – oder war das bei dir anders?
3. Wie sieht die ideale Kindheit in deiner Vorstellung aus? Gibt es das überhaupt – eine ideale Kindheit?
4. Welche Rolle spielen die Eltern dabei?

5. Was könnte Jesus mit seiner Aussage über Kinder wohl gemeint haben? Lies nach in Matthäus 18,1-4.

Gebet

Ach, Gott!
Ich sehne mich zurück in die Zeit,
als alles noch einfacher war.
Ich hatte keine Sorgen,
musste mir nicht so viele Gedanken machen
und wirkliche Probleme gab es für mich nicht.

Warum ich dir das erzähle?
Weil es eigentlich niemanden etwas angeht.
Außerdem schäme ich mich ein bisschen.
Alle wollen doch gern möglichst schnell groß und erwachsen werden.
Außerdem weiß ich sonst auch keinen, den es interessieren würde.

Ich habe den Eindruck,
dass du mir bei dem Problem auch nicht wirklich helfen kannst.
Nur wegen mir wirst du kaum die Zeit zurückdrehen
oder die Welt anhalten.
Aber ich danke dir trotzdem, dass du mir zuhörst.
Sonst weiß ich nämlich niemanden,
mit dem ich darüber reden könnte – oder möchte.
Amen

Tipp

Um genau dieses Thema geht es auch in dem Lied „Barbies“ der Pop-Sängerin P!nk – vielleicht möchtest du es dir mal anhören.[3]

8. ENGEL

Ansage

Meine Frau hat zwei Engel. Einer davon kann manchmal auch ein ganz schöner Teufel sein – nämlich ich ☺.

Sie hat aber noch einen Engel. Oder besser gesagt: eine kleine Engelsfigur. Dieser kleine Engel ist aus Metall und gerade mal so groß, dass er bequem in eine Hosentasche passt. Meine Frau hat diesen Engel schon ziemlich lange. Bei vielen Gelegenheiten war er schon dabei. In schönen, aber auch in schweren Zeiten hat er sie begleitet und ihr Kraft geschenkt.

Sie hat ihren Engel auch schon oft verliehen. Manchen Menschen hat sie auch solch eine Engelsfigur geschenkt. Solchen Menschen, die einen Engel gerade besonders nötig hatten.

So waren diese kleinen Engel schon dabei auf vielen Urlaubsreisen in ferne Ländern. Sie haben viele Abenteuer überlebt, aber auch Kinder zu schwierigen Operationen ins Krankenhaus begleitet und ihre Angehörigen getröstet. Bei mancher Prüfung waren sie heimliche Begleiter und sie haben Menschen auch am Sterbebett nicht alleingelassen.

Wirklich viele gute Dienste haben sie also erwiesen, der kleine Engel meiner Frau und seine vielen Kollegen – und bestimmt könnten sie so manche schöne, berührende und traurige Geschichte erzählen.

Natürlich ist jedem erwachsenen Menschen klar, dass es nicht die 100 Gramm Metall sind, die Gutes bewirken.

Vielmehr steht dieser Engel symbolisch für Gott. Für den Schöpfer der ganzen Welt und für seine Boten. Für das Vertrauen darauf, dass dieser große Gott alles – auch unser Leben mit all seinen Sorgen und

Freuden – in seiner großen Hand hält. Dass er sich für mich interessiert und mir helfen will, egal in welcher Lebenslage; und dass er zu diesem Zweck auch seine Engel schickt, zu dir und zu mir.

Manchmal hilft es einfach, die Gegenwart Gottes symbolisch zu spüren; mit den eigenen Sinnen wahrzunehmen, dass Gott mit seiner ganzen Macht hier bei mir ist und mich nicht verlässt.

Finger können sich im Gebet um die Engelsfigur verkrampfen; sie können den Engel aber auch nur ganz leicht berühren, vielleicht in der Hosentasche. Die sanft gerundete Figur liegt gut in der Hand und das Metall wird angenehm warm. So hat er vielen Menschen schon geholfen, das Vertrauen und die Hoffnung nicht zu verlieren – auch wenn die Lage vielleicht tatsächlich mehr zum Verzweifeln war.

Auch die Bibel berichtet an ganz verschiedenen Stellen von Engeln. Sie sind besondere Boten Gottes und kommen an unterschiedlichen Stellen zum Einsatz. Einer der bekanntesten ist der Verkündigungsengel Gabriel, der mehrmals in der Weihnachtsgeschichte vorkommt. Ebenfalls sehr bekannt ist der Engel, der am Grab des auferstandenen Jesus steht und dort die Botschaft von Gottes Sieg über den Tod verkündet.

In vielen eindrücklichen Bibelversen kommen Engel vor, und es gibt auch kaum eine Kirche, in der sie nicht irgendwo zu sehen sind. Ja, die Engel sind wichtig für unseren Glauben. Sie verkündigen und trösten, geben Halt, Hoffnung und Sinn. Engel sind so eine Art Stellvertreter Gottes und erinnern uns immer wieder in ganz besonderer Weise an seine Gegenwart.

Wer weiß, vielleicht streift uns ja auch heute ganz leicht der Flügel eines Engels. Vielleicht spüren wir ein bisschen etwas von der Gegenwart Gottes und von seiner Liebe zu uns.

Impulsfragen

1. Woran erkennt man eigentlich einen Engel? An den Flügeln sicher nicht, oder? Aber an was dann?
2. Was sind die typischen Merkmale eines Engels?
3. Hast du schon Erfahrungen mit einem Engel gemacht? Vielleicht mit einem Schutzengel? Oder ist jemand, den du kennst, schon einmal vor größerem Schaden bewahrt worden?
4. Können wir eigentlich auch zum Engel werden? Zum Engel für andere Menschen?
5. Wenn ja, wie?

Gebet

Gott,
nur manche haben wirklich Flügel,
es sind nicht alle strahlend hell,
die wenigsten erkennt man gleich,
oft verschwinden sie recht schnell.

Im Himmel gibt's wohl ziemlich viele,
die haben das als Hauptberuf.
Hier unten hört man immer wieder
auch von Teilzeitengeln:

Menschen, die zum Engel werden,
für andere in Nah und Fern,
Geschichten über solche Leute,
erzählt man sich doch immer gern.

Solch einen Engel wünsche ich mir,
als Bodyguard, als Freund, als Held,
ein Engel, der für mich auch da ist,
wenn meine Welt zusammenfällt.

Auch dich, mein Freund,
soll einer stets begleiten,
er soll dich schützen und dir folgen,
in guten wie in schlechten Zeiten.

Wer weiß, vielleicht darf ich auch einmal,
in Freude oder auch in Leid,
ein Engel sein für jemand anderen,
Gott, schicke mich, ich bin bereit.
Amen

Anstelle eines Gebets: Ein guter Wunsch für dich

Mein Freund!
Der Flügel eines Engels möge dich streifen,
ganz leise, zart und sacht,
es soll wie Streicheln sich anfühlen,
und trotzdem zeigen Gottes Macht.

Geborgen wissen sollst du dich
in seiner starken Hand,
die er zum Schutz für dich und mich
und für uns alle ausgespannt.
Amen

Tipp

Ein sehr schönes Lied über Engel, das zu vielen Gelegenheiten passt, ist das Lied „Mögen Engel dich begleiten“ von Jürgen Grote.[4]

9. DANKBARKEIT

Manchmal ist es ein ganz schön schwieriges Wort – einfach auszusprechen, aber doch schwer zu sagen. Manchmal geht es uns aber auch ganz leicht von den Lippen. Die Rede ist vom kleinen Wörtchen „Danke"!

Bedanken kann man sich für vieles. Schon als Kind bekommt man beigebracht, sich bei allen möglichen Leuten zu bedanken. Bei der Oma fürs Weihnachtsgeschenk oder in der Bäckerei für das Bonbon. Man kann sich beim Klassenlehrer bedanken oder bei der Erzieherin im Kindergarten; beim Fußballtrainer, der Klavierlehrerin oder beim Fahrlehrer.

Bedanken kann man sich für Kleines und für Großes. Manchmal ist das Danke nur ein kurzes Wort, ein anderes Mal vielleicht ein Handschlag oder eine Umarmung.

Danke zu sagen kann reine Pflichterfüllung sein, aber auch leidenschaftlicher Ausdruck eines starken Gefühls. Es kann geheuchelt oder ernst gemeint sein. Meistens spürt man recht genau, wie es gemeint war, dieses Danke.

Wann haben wir eigentlich zuletzt Danke gesagt?
Wann waren wir zuletzt dankbar?
Dankbar?
Ja, für was eigentlich?
Wofür kann man denn dankbar sein?

Je länger wir überlegen, umso mehr müsste uns eigentlich einfallen. Je weiter wir über den eigenen Tellerrand hinausschauen, umso klarer müsste uns werden, wie gut wir es doch haben!

Natürlich gibt es auch bei uns Unterschiede. Vielleicht haben andere mehr Geld, teurere Schuhe, schönere Haare oder mehr Freundinnen und Freunde. Aber insgesamt können wir uns doch wirklich nicht beklagen.

Wir leben in einem der reichsten Länder der Welt! Von unserem Wohlstand können die meisten Menschen auf der Welt nur träumen. Es herrscht Freiheit bei uns, wir können offen unsere Meinung sagen. Niemand schreibt uns vor, welchen Beruf wir lernen müssen oder wo wir auf die Schule gehen.

Ja, ganz richtig – auch für die Schule kann man dankbar sein. Viele Menschen auf der ganzen Welt wären froh, sie dürften eine Schule besuchen. Immerhin ist eine gute Bildung wichtig für Ausbildung, Beruf und Freizeit; mehr noch: Bildung ist die Grundlage für ein gelingendes Leben. Den Wert von Schule kann man also gar nicht hoch genug einschätzen.

Dankbar sein können wir auch für Gesundheit; für Familie, Freundinnen und Freunde, für Ferien und Freizeit, Sport und Kultur – diese Liste könnte man noch eine ganze Weile fortsetzen.

Grund zur Dankbarkeit haben wir also alle. Zumindest die allermeisten von uns. Je länger man ernsthaft darüber nachdenkt, umso mehr Gründe fallen einem ein, dankbar zu sein. Dankbar, weil doch alles in allem unser Leben gar nicht so schlecht läuft.

Klar, Probleme hat jede und jeder von uns – das soll und muss man gar nicht verschweigen. Aber im Großen und Ganzen läuft doch vieles einfach gut bei uns. Genügend Grund zur Dankbarkeit also!

Aber bei wem sollen wir uns denn bedanken?
Beim Zufall vielleicht?
Kann man sich beim Zufall überhaupt bedanken?
Gibt es das überhaupt – den Zufall?
Oder das Glück?
Haben wir einfach nur Glück gehabt?

Oder sollten wir uns vielleicht bei unseren Eltern bedanken? Immerhin haben die ja ganz schön viel Anteil daran, dass es uns überhaupt gibt und wie es uns heute so geht.

Klar, für vieles kann man sich bei den Eltern bedanken – aber für vieles können auch unsere Eltern nichts. Bestimmt wollen sie das Beste für uns – aber auch sie können letztlich nicht dafür sorgen, dass wir zum Beispiel gesund sind. Oder dass wir die richtigen Freundinnen und Freunde finden. Oder dass wir genug im Köpfchen haben, um unseren Abschluss zu schaffen. Oder …

Unter Umständen ist unsere Dankbarkeit doch eine Etage weiter oben besser aufgehoben; bei demjenigen, der für all das zuständig ist, das niemand anders regeln kann.

Vielleicht sollten wir uns tatsächlich gleich an Gott wenden. Er hat schließlich dafür gesorgt, dass wir überhaupt geboren wurden. Ihm haben wir unsere Gesundheit zu verdanken und auch die Tatsache, dass wir hier in diesem reichen Land leben können.

Je mehr wir darüber nachdenken, umso mehr müsste uns eigentlich klar werden, dass wir allen Grund zur Dankbarkeit haben – weil uns die wichtigsten Dinge im Leben schlicht und einfach geschenkt werden! Oder etwa nicht?

Impulsfragen

1. Fallen dir genügend Dinge ein, für die du dankbar sein kannst? Bestimmt!
2. Manchmal hilft es, sich diese Sachen aufzuschreiben – und sich diese Liste ab und zu wieder anzuschauen. Vielleicht hast du ja Lust, hier und jetzt eine solche Liste zu beginnen … und dich anschließend auch gleich dafür zu bedanken. Dazu musst du nur an der richtigen Etage anklopfen. Das Gebet im Anschluss kann dir dazu helfen.
3. Brauchst du ein bisschen Nachhilfe in Sachen Dankbarkeit? Vielleicht solltest du dann mal ein Buch von Samuel Koch lesen. Dieser junge Mann – Leistungssportler, Schauspieler, talentiert und attraktiv – verunglückte vor laufenden Fernsehkameras so schwer,

dass er seither weder Arme noch Beine bewegen kann. Er sitzt im Rollstuhl und ist dauerhaft auf fremde Hilfe angewiesen. Trotz dieses sicher nicht einfachen Schicksals strahlt er eine übergroße Lebensfreude und Dankbarkeit aus. Er hält Vorträge, schreibt Bücher und ist in dieser Hinsicht zum Vorbild für viele Menschen geworden. Vielleicht kannst ja auch du von ihm lernen. Besonders empfehlen kann ich dir sein Buch „Rolle vorwärts“[5].

Gebet

Lieber Gott!
Heute möchte ich dir danken
für alle die guten Dinge in meinem Leben!
Wenn ich genau überlege,
dann wird mir schnell klar,
dass es mir eigentlich doch ganz gut geht:
Ich muss mir keine Sorgen machen,
was ich morgen essen werde
oder wo ich heute Nacht schlafen werde.
Ich muss nicht für meinen Lebensunterhalt arbeiten,
ich darf zur Schule gehen
und einen Beruf anstreben,
den ich mir selbst aussuche.

An den meisten Tagen habe ich genug Zeit zum Chillen.
Ich habe Freundinnen, Freunde und Familie.
Ich habe Hobbys und ich bin gesund.
Ich darf in Freiheit leben und muss keine Angst haben.
Ja, es geht mir wirklich gut.
Vielen Dank dafür!
Amen

10. HOFFNUNG

Ansage

Die Hoffnung stirbt zuletzt! Diesen Spruch kennt jeder. Hört sich ja auch irgendwie cool an. Aber stimmt er überhaupt?

Stirbt die Hoffnung wirklich erst ganz am Ende? Kann die Hoffnung überhaupt sterben, kann sie aufhören? Wie kommt man auf so eine Behauptung?

Vielleicht müsste man besser sagen: Die Hoffnung war nie im Mathe-Unterricht! Sie kann nämlich überhaupt nicht rechnen! Die Hoffnung kriegt noch nicht einmal Plus und Minus hin. Es kann gar nicht anders sein: Die Hoffnung war nie in Mathe! Sonst wäre mit Sicherheit alles anders. Warum?

Na, überleg doch mal: Die Hoffnung kann schlechte Erfahrungen und Enttäuschungen einfach nicht zusammenzählen. Man hat den Eindruck, als unterschlage sie einfach alles Schlechte. Sie vergisst die vielen Gelegenheiten, an denen Menschen schon enttäuschen wurden.

Die Hoffnung führt auch keine Liste mit unerfüllten Träumen und Wünschen. So etwas kann sie gar nicht haben. Sonst hätte sie nie und nimmer so lange durchgehalten – so oft, wie sie schon enttäuscht wurde. Wäre die Hoffnung auch nur einmal in Mathe gewesen, hätte sie schon längst aufgegeben und wäre davongerannt, wahrscheinlich auf Nimmerwiedersehen!

Wie viele lang gehegte Wünsche erfüllten sich nicht? Wie viel Leid blieb eben nicht erspart? Wie viele Menschen haben schon gehofft und gebangt – scheinbar ohne Erfolg? Wie viele Gebete wurden nicht erhört – manchmal vielleicht sogar scheinbar nicht einmal ge-hört?

Zumindest kam keine entsprechende Reaktion von oben – und auch nicht von der Seite oder von unten.

Bei all den schlimmen Sachen, die schon passiert sind, bei aller Ungerechtigkeit und allem Leid auf der Welt – eine Hoffnung, die rechnen kann, gibt es nicht. Sie wäre längst schon heulend davongerannt, enttäuscht von sich selbst. Hoffnungslos eben!

Gott sei Dank hat die Hoffnung unsere Welt aber bisher nicht verlassen! Sie ist immer noch da! Und wenn man sie manchmal vielleicht auch kaum mehr wahrnehmen kann, so erkämpft sie sich doch schon bald wieder einen Platz ganz nah bei uns.

Darüber bin ich wirklich froh.

Sie gibt auch dann nicht auf, wenn rein rechnerisch gar kein Grund mehr für sie vorhanden ist. Wenn alle Daten und sämtliche Fakten gegen sie sprechen. Meistens ist die Hoffnung auch dann noch am Start, wenn sogar unsere eigenen Erfahrungen gegen sie sprechen.

Sie lässt sich von nichts und niemandem beirren und sie lässt sich auch nicht entmutigen – zumindest nicht auf Dauer. Die Hoffnung lässt uns nicht im Stich – und wenn sie mal kurz weg ist, dann kommt sie in den allermeisten Fällen schon bald wieder. So war es wenigstens bei mir bisher!

Immer wieder gibt es auch gute Gründe, an der Hoffnung festzuhalten, nicht aufzugeben: die schönen Erfahrungen, die ermutigenden Gespräche, die Erfüllung unserer Wünsche und die Erhörung unserer Gebete.

Der letzte Grund unserer Hoffnung ist Gott. Ja genau, der Gott, von dem die Bibel berichtet. Derjenige, der uns alle gemacht hat, der unser Leben in der Hand hält – jeden einzelnen Tag, vom ersten bis zum letzten.

Den gibt es doch gar nicht, meinst du, diesen Gott? Das haben schon viele Leute behauptet:

Gott gibt es gar nicht.
Gott ist tot!
Mit Gott kann man doch sowieso nichts anfangen!
Gott kann uns auch nicht mehr helfen!

Allerdings haben viele dieser Menschen, die mit Gott nichts oder kaum etwas anfangen konnten, das Beten gelernt, als sie selbst in der Klemme steckten. Als scheinbar alle anderen Auswege verstellt waren, nichts und niemand mehr helfen konnte, da haben sich auch Atheisten – so nennt man Menschen, die nicht an Gott glauben – an Gott gewandt.

Der ehemalige Entertainer und Moderator Harald Schmitt erzählt von seiner Zeit als Zivildienstleistender bei einem katholischen Priester: *„Da wurde der Pfarrer von sogenannten Atheisten schreiend ins Krankenhaus geholt, wenn der Tumor im Endstadium war. Ich glaube, ob man Atheist ist, kann man erst auf den letzten Metern sagen."*[6]

Impulsfragen

1. Fällt dir ein anderer Begriff für das Wort Hoffnung ein?
2. Gibt es Gelegenheiten, bei denen deine Gebete erhört wurden? Möchtest du davon erzählen?
3. Fallen dir einige Geschichten aus der Bibel ein, in denen sich Hoffnungen erfüllten und Gebete erhört wurden?
4. Hast du auch schon Situationen erlebt, in denen du vergeblich auf eine Antwort oder eine Reaktion Gottes gewartet hast? Möchtest du uns auch davon berichten?
5. Gibt es auch hierzu Geschichten und Beispiele aus der Bibel? Beispiele, die zeigen, dass auch schon andere Menschen mit diesem Problem zu kämpfen hatten?
   (einige Antwortmöglichkeiten: Abraham, der auf seinen verheißenen Sohn wartete; das Buch Hiob; Jesus vor der Kreuzigung, …)

Gebet

Gott!
Wenn es eigentlich keinen Grund mehr gibt,
auf etwas zu hoffen,
bist du immer noch da!
Wenn ich zu oft enttäuscht und verletzt worden bin
und keinen Ausweg mehr sehe,
bist du immer noch da!

Wenn ich nicht einmal mehr daran glauben kann,
dass es dich überhaupt gibt,
hörst du immer noch nicht auf,
da zu sein.
Danke dafür!
Amen

11. FREUDE

Ansage I

Ja, es ist schon so eine Sache mit der Freude: Ein herrliches Gefühl, wenn sich jemand so richtig unbefangen freut. Schön zu sehen, wenn jemand seinen Gefühlen freien Lauf lassen kann und offensichtlich am liebsten die ganze Welt umarmen würde. Wenn die Freudentränen kullern – und es gerade vollkommen egal ist, was die Welt von einem denkt.

Hast du dich schon mal so richtig gefreut? So richtig?

Fast könnte man es mit einer Art Rausch vergleichen, dieses Gefühl. Oder nicht? Ein Zustand, den man am liebsten festhalten würde – und der dann aber doch schneller vorbei ist, als es einem lieb ist.

Schade eigentlich. Umso wichtiger, dass man diese Zeiten der Freude nach Möglichkeit genießt; die Zeiten der großen Euphorie, aber auch die vielen kleinen Freuden des Alltags.

Wie würden unsere Tage und Wochen aussehen ohne diese Lichtblicke? Was wäre unser Leben ohne diese Zeiten der Freude? Vermutlich eine ziemlich traurige Angelegenheit, oder nicht? Wie gut, dass es immer wieder neue Gründe gibt, sich zu freuen – kleine und große.

Gott freut sich übrigens auch mit, wenn wir ihm Bescheid sagen. Es könnte ja sogar sein, dass er nicht ganz unbeteiligt ist am Grund unserer Freude:

- Die Mathe-Klassenarbeit hätte auch viel schwieriger sein können, oder?
- Dass es deiner Oma so schnell wieder besser geht, war doch ziemlich unwahrscheinlich, oder?

- Deine neuen Sneakers hättest du dir vermutlich nicht leisten können, wenn du in Bosnien oder in Mali wohnen würdest, oder?
- ... dir fallen bestimmt auch genügend Beispiele ein.

Lassen wir Gott sich doch mitfreuen – unsere Freude wird dadurch nicht kleiner!

Impulsfragen

1. Wenn die kleine Emma zehn Bonbons hat und diese durch fünf Freunde teilt, wie viele Bonbons bekommt dann jeder? *(Antwort: Richtig. Es hängt davon ab, ob sie alle unter ihren Freunden aufteilt oder welche für sich selbst behält ☺. Wenn sie alle aufteilt, bekommt natürlich jeder zwei.)*
2. Wenn die kleine Emma aber nur acht Bonbons hat – was gibt es dann? *(Antwort: Genau. Dann könnte es Streit geben. Man kann acht ja nicht gerecht unter fünf aufteilen; und unter sechs auch nicht.)*
3. Gibt es eigentlich auch etwas, das mehr wird, wenn man es teilt? *(Antwort: Ja. Freude zum Beispiel. Teilt man Freude mit anderen Menschen, dann vermehrt sie sich auf ganz wunderbare Weise. Das ist fast schon ein kleines Wunder, weil es doch eigentlich den einfachen mathematischen Gesetzen widerspricht.)*
4. Wann hast du dich das letzte Mal gefreut? Möchtest du davon berichten?

Ansage II

„Herr Schwarzenbolz, ich freu mich so!“

Vor einigen Jahren war Melissa meine Schülerin. Von ihr stammt dieser Satz, der mir gut im Gedächtnis geblieben ist – vielleicht auch deswegen, weil solche Sätze in der Schule eher selten vorkommen.

Bei allen möglichen Gelegenheiten hat Melissa diesen Satz gesagt: Sie freute sich aufs Wochenende, auf die SMV-Freizeit oder auf die Studienfahrt. Manchmal war der Grund ihrer Freude aber auch etwas ganz kleines, wie die nächste Pause – und manchmal freute sie sich auch einfach nur so.

Ich habe mich dann immer mitgefreut, ganz nach dem Motto: Geteilte Freude ist doppelte Freude!

Eine ganz einfache und unkomplizierte Art, anderen eine kleine Freude zu machen, sind übrigens Komplimente. Was hindert mich eigentlich daran, meiner Freundin zu sagen, dass ihr neues Kleid wirklich toll aussieht? Oder meiner Schwester, dass ihr die Ohrringe gut stehen? Meinem Kumpel, dass er heute wieder genial Fußball gespielt hat? Oder meinem Vater, dass ich schon ganz schön stolz auf ihn bin? Zumindest manchmal.

Ich habe mir angewöhnt, bei passenden Gelegenheiten solche kleinen Komplimente zu machen. Und ich freue mich dann immer mit, wenn ich merke, dass sie bei der anderen Person auch Freude auslösen.

Vielleicht wäre das ja auch was für dich, für uns alle.

Ja, richtig – die Welt retten werden wir vermutlich nicht mit ein paar belanglosen Komplimenten. Aber vielleicht können wir die Welt der Personen, an die wir unsere Komplimente richten, so ein kleines bisschen heller machen – und das wäre doch auch schon was! Vielleicht fällt dir ja auch gleich jemand ein … dann lass dich am besten nicht aufhalten!

Gebete

Lieber Gott!
So geil!
Alles läuft!
Ich freue mich über die tollen Zeiten in meinem Leben:
Ich freue mich
über Minuten, in denen ich die ganze Welt umarmen könnte;
über Stunden, in denen ich an kein Problem erinnert werde;
über Tage, an denen die Sonne ohne eine einzige Unterbrechung scheint;
über Wochen, die viel zu schnell vergehen;
über Zeiten, an die ich noch lange zurückdenken werde, mit einem Lächeln auf dem Gesicht.
Amen

Lieber Gott!
Danke
für die Morgen, an denen ich gerne aufstehe,
für die Tage, an denen ich Schönes erlebe,
für die Abende, an denen ich glücklich und zufrieden einschlafe.
Danke auch für die Möglichkeit, dir das alles zu sagen!
Amen

Tipp

Freude – auch Freude über Gott und das, was er uns Gutes tut – kann man sehr schön auch durch Lieder ausdrücken.

Ein Beispiel? Bitte schön, hör doch mal rein: „The Passion – God‘s Great Dance Floor" (feat. Chris Tomlin).[7]

12. SEGEN

Moderationshinweis

Tüte Gummibärchen mitbringen, nach dem Gebet austeilen

Ansage

Das Gefühl der Erleichterung, nachdem die Freundin meine Entschuldigung angenommen hat und wir unseren Streit endlich begraben können. Der heiß ersehnte Sprung in einen kühlen Pool an einem brütend heißen Augusttag, zusammen mit meinem besten Freund. Vielleicht auch das herzliche Willkommen in der Gemeinde nach meinem Urlaub. Oder der spontane Applaus von meiner Klasse, wenn ich nach langer Krankheit das erste Mal wieder ins Klassenzimmer komme? …

Bestimmt hast du so etwas schon mal erlebt oder so etwas Ähnliches – Situationen und Erlebnisse, die ein schönes und angenehmes Gefühl in uns hervorrufen. So, als würde die Sonne auf einmal ein bisschen heller scheinen, die Cola ein bisschen süßer schmecken oder die Umarmung sich noch ein bisschen fester anfühlen.

Ein schönes, warmes Gefühl macht sich in uns breit; manchmal fühlt es sich wie die pure Freude an, manchmal ist es vielleicht eher Erleichterung oder Stolz. In jedem Fall aber ist es etwas wirklich Schönes. Ein Gefühl, das man gerne öfter hätte – ein Gefühl, das man aber selbst nicht so einfach herzaubern kann.

Was wäre das Leben ohne diese schönen Erfahrungen? Wie lange geben solche Erlebnisse uns Kraft? Wie oft müssen wir auch im Nachhinein noch lächeln, wenn wir uns an solche schönen Situationen erinnern?

Vielleicht sind diese Situationen ein bisschen wie der Segen Gottes. Wie der Segen, der immer am Ende eines Gottesdienstes „ausgeteilt" oder „gespendet" wird und unter dem man sich nur sehr schwer etwas Handfestes vorstellen kann.

Manchmal wäre es vielleicht einfacher, wenn alle ein Gummibärchen bekommen würden. Dann könnte man sich diesen Segen vielleicht ein bisschen besser ausmalen. Man könnte ihn sozusagen besser schmecken.

Oder geht es dir damit anders? Weißt du, was Segen ist? Könntest du in einem einfachen Satz beschreiben, was das ist – der Segen?

Segen ist auf jeden Fall ein komisches Wort. Es klingt ziemlich altmodisch und ist auch nicht ganz einfach zu erklären. Segen ist auf jeden Fall immer etwas Gutes, etwas Schönes. Segen umfasst den ganzen Menschen und ist wohltuend für Körper und Geist.

Manchmal können auch Dinge für uns zum Segen werden, die zuerst überhaupt nicht danach aussehen. Erlebnisse, die uns zuerst vielleicht überhaupt nicht gut und wohltuend erscheinen, und deren gute Auswirkungen wir unter Umständen erst viel später erkennen.

Segen ist immer an die aktuelle Situation angepasst. Wir können ganz unterschiedliche Dinge als Segen wahrnehmen, so wie in den Beispielen am Anfang.

Trotz aller Erklärungen bleibt aber etwas Geheimnisvolles mit dem Segen verbunden. Segen ist etwas, was wir uns zwar wünschen und zusprechen können; er ist aber gleichzeitig etwas, das nur Gott schenken kann. Wir können ihn nicht herbeizwingen. Er bleibt für uns unverfügbar, wir können keinen Segen machen.

Segen ist vielmehr etwas, das Gott uns schenken möchte. Segen ist Gottes gutes Handeln an uns. Ein Handeln, das wir vielleicht nicht immer auf den ersten Blick verstehen. Ein Handeln aber, das nur unserem Besten dienen soll.

Aus diesem Grund gibt es am Ende eines Gottesdienstes immer einen Segen. Dies soll auch deutlich machen, dass Gott die Besucher begleiten möchte, wenn sie jetzt den Gottesdienst verlassen.

Er möchte niemanden alleinlassen. Er möchte uns Gutes tun. Er möchte uns beschenken. Er möchte uns nahe sein – durch ganz viele verschiedene Dinge. Die Frage ist nur: Lassen wir das zu? Lassen wir Gott an uns heran?

Impulsfragen

1. Weißt du, was das Gegenteil von segnen ist?
   (Antwort: verfluchen).
2. Was bedeutet das denn – jemanden verfluchen?
3. Segen ist genau das Gegenteil von Fluch. Wird dir so ein bisschen deutlicher, was man darunter versteht?
4. Fallen dir Bibelstellen ein, an denen es auch um Segen geht?
5. Gibt es jemanden, dem du gerade ganz besonders Gottes Segen wünschen möchtest – vielleicht, weil er oder sie es aktuell besonders nötig hat? Du könnest ja vielleicht eine Tüte Gummibärchen verschenken – zusammen mit einem kleinen Zettel, der erklärt, dass die süßen Bärchen symbolisch für Gottes gutes Handeln, seinen Segen eben, stehen.

Gebet

Großer Gott!
Sei du ganz nah bei mir,
lass mich deine Gegenwart erfahren!
Lass mich spüren und erleben,
dass du hier bist – hier für mich!

Niemand weiß besser, was mir fehlt, als du!
Niemand weiß besser, was ich mir wünsche, als du!
Niemand weiß besser, was mir wirklich guttut, als du!

Mein Gott, segne mich!
Amen

Segen ist übrigens auch etwas, das man sich gegenseitig weitergeben kann: Kranke werden gesegnet, Verstorbene werden ausgesegnet. Vielleicht der bekannteste Segen ist der so genannte aaronitische Segen. Er wird in vielen katholischen und evangelischen Gottesdiensten verwendet:

Der Herr segne dich und behüte dich!
Er lasse leuchten sein Angesicht über dir und sei dir gnädig!
Der Herr erhebe sein Angesicht über dir
und schenke dir Frieden!
Amen.

Tipp

Auch wir können uns gegenseitig Segen zusprechen. Das geht auf ganz verschiedene Weisen, zum Beispiel mit diesem Lied: „The blessing" (Sammy Horner). Hör es dir doch einfach mal an und lies den Text mit.[8] Vielleicht hast du ja auch Lust, diesen Segenswunsch weiterzugeben. Dann schicke den Link dazu doch einfach weiter.

13. EINSAMKEIT

Ansage

Ein Unterschied zwischen allein und einsam? Gibt es da überhaupt einen? Ist es nicht das Gleiche, ob man jetzt allein ist oder einsam?

Es gibt natürlich Gemeinsamkeiten zwischen den beiden Zuständen, das ist klar. Wenn man allein ist, hat man keine Gesellschaft. Und wenn man sich einsam fühlt, ist das genauso.

Aber einen wichtigen Unterschied gibt es wohl doch. Alleinsein ist nicht unbedingt etwas Schlechtes oder Trauriges: Es tut manchmal ganz gut, allein zu sein. Nicht immer möchte man Gesellschaft haben; manchmal flüchtet man ja regelrecht vor anderen Menschen, zum Beispiel vor Menschen, die es vielleicht gut meinen, die wir aber trotzdem nicht bei uns haben möchten. Zumindest nicht jetzt gerade.

Und manchmal möchte man auch gar keinen anderen Menschen bei sich haben. Allein zu sein kann nämlich auch guttun. Dabei ist es vollkommen egal, was man mit sich allein anfängt: Musik hören, auf dem Sofa chillen, Sport machen, zocken, lernen, … Es gibt tausend Dinge im Leben, die man auch mal ganz gerne allein macht.

Mit der Einsamkeit ist es dagegen ein bisschen anders. Einsam fühlt man sich dann, wenn man eigentlich gar *nicht* allein sein möchte! Wenn man gerne jemanden bei sich hätte, aber eben niemand da ist. Zumindest niemand, den wir gerade bei uns haben möchten. Einsamkeit könnte man vielleicht als unfreiwilliges Alleinsein bezeichnen.

Gründe dafür, sich einsam zu fühlen, gibt es auch genügend. Schließlich brauchen wir alle Beziehungen und Gemeinschaft. Sicher nicht immer, nicht in jeder einzelnen Stunde oder Minute. Aber ganz ohne Gemeinschaft mit anderen Menschen geht es uns nicht gut.

Und dann gibt es eben diese bestimmten Situationen, in denen wir ganz besonders auf Gesellschaft angewiesen sind. Situationen, in denen wir vielleicht Hilfe brauchen oder einen Rat. Wo uns vielleicht ein kräftiges Schulterklopfen fehlt, das Lachen mit den Kumpels, das Schluchzen mit der besten Freundin – oder eine feste Umarmung.

Ich bin mir ziemlich sicher: Wir alle kennen es, dieses Gefühl, einsam zu sein. Natürlich gibt es keiner gern zu, schon klar! Es muss ja jetzt auch niemand etwas dazu sagen. Aber tief drinnen wissen die meisten von uns recht genau, um was es geht. Stimmt's?

Sicher: Die einen haben dieses Gefühl öfters als andere. Und die Gründe dafür können ja auch wirklich ganz verschieden sein. Aber kennen tun es fast alle. Darauf könnte ich wetten!

Er ist uns vertraut, dieser Gedanke. Dieses unschöne Gefühl, dass wir gerade niemanden haben, der uns verstehen kann! Vielleicht auch der traurige Eindruck, dass sich gar niemand Zeit nehmen und uns überhaupt zuhören will.

Wir kennen dieses Gefühl, dass es manchmal den Eltern, der Familie und leider auch den Freundinnen und Freunden egal ist, wie es uns geht. Dass jeder sich um sich selbst und seine eigenen Probleme kümmert und wir allein dastehen. Vielleicht fällt es nicht einmal jemandem auf, wie es uns eigentlich geht. Vielleicht merkt niemand, dass wir uns gerade nicht nur allein, sondern so richtig einsam fühlen. Das ist kein schönes Gefühl!

Diese Einsamkeit kann einen übrigens auch beschleichen, wenn man von vielen Menschen umgeben ist. In der großen Pause auf dem Schulhof; mitten im Sommer im überfüllten Freibad; beim Einkaufsbummel in der Fußgängerzone – und an vielen anderen Orten natürlich auch.

In diesen Fällen kommt dann noch ein anderes Problem hinzu: Wir schauen uns um und hoffen, dass bloß niemand unsere Einsamkeit bemerkt! Schließlich ist es uns peinlich, dass wir allein dastehen und aktuell niemanden haben, dem wir uns anvertrauen können oder wollen; dass wir uns bei keiner Person zu Hause fühlen können – zumindest im Augenblick nicht.

Impulsfragen

1. Überleg doch mal ganz im Stillen und für dich: Bei welchen Gelegenheiten hast du dich schon einsam gefühlt?
2. Was hat dir geholfen, aus der Einsamkeit wieder herauszufinden?
3. Gibt es vielleicht Menschen um dich herum, die sich auch gerade einsam fühlen könnten? Siehst du eine Möglichkeit, ihnen Hilfe anzubieten?
4. Fallen dir Personen aus der Bibel ein, die sich auch einsam gefühlt haben? Was oder wer hat ihnen geholfen?
   (Antwortmöglichkeiten: verschiedene Propheten, z. B. Elia, der als Einziger seinem Gott treu geblieben ist; Amos, der gegen König und Oberschicht predigte; Jona, der sich allein verantwortlich wusste für den schlimmen Sturm, der ein ganzes Schiff zu verschlingen drohte; Jesus im Garten Gethsemane, als er seine Jünger gebeten hat, mit ihm wach zu bleiben und sie immer wieder eingeschlafen sind; die Jünger, nachdem Jesus gekreuzigt worden war …)
5. Kann man sich eigentlich auch im Gottesdienst oder in der Gemeinde einsam fühlen? Was könnte man dagegen unternehmen?
6. Was hindert uns daran, uns offen über dieses Problem zu unterhalten?

Gerade in Zeiten von Einsamkeit lohnt sich der Blick auf Gott vielleicht besonders. Schließlich hat er bekanntlich *immer* Zeit – und verstehen tut er uns auch so gut wie niemand anderes.

Vielleicht kann eines der folgenden Gebete dabei helfen.

Gebete

Lieber Gott!
Du bist groß – und ich bin klein
und leider ziemlich oft allein.
Im Himmel ist bestimmt viel los,
vielleicht vergisst du mich ja bloß.

Allein bin ich aufgewacht,
zu keinem sag ich gute Nacht.
Einsam, traurig und verlassen,
ach, mein Gott, ich selber könnt mich hassen!

Sei doch bitte du bei mir,
dass ich dich spüre, jetzt und hier.
Leg um mich deinen starken Arm,
und mach es in mir drinnen
bitte, bitte, wieder warm.
Amen

Lieber Gott!
Warum, mein Gott, finde ich kaum Zeit für dich?
Warum, mein Gott, erscheint mir alles andere wichtiger als du?
Warum, mein Gott, bin ich so allein?
Warum, mein Gott, kann ich nicht einfach glücklich sein?
Amen

14. VERZWEIFLUNG

Ansage

Erklären? Erklären kann ich es nicht! Wie soll mich auch jemand anderes verstehen, wo ich das doch selbst oft nicht tue? Warum es mir manchmal so schlecht geht, davon habe ich doch selbst keinen Plan. Ich weiß nur, dass es manchmal ganz schön schwarz aussieht in mir. Und dass es bisher noch keiner geschafft hat, mich aus diesem Loch wieder rauszuholen, wenn ich drinstecke.

Es fühlt sich wirklich beschissen an! Ich bin auch nicht wirklich scharf drauf, dass es mich immer wieder einholt, dieses fiese Gefühl. Als ob einem die Luft zum Atmen fehlt, oder als würde die Sonne immer dunkler werden. Ich kann es kaum beschreiben. Ich kann nur sagen, dass du froh sein kannst, wenn es dich nicht erwischt!

Gott sei Dank ist es bisher immer irgendwie wieder besser geworden. Warum, weiß ich auch nicht. Ich kann nur sagen, dass die ganze Sache kein Spaß ist. Kaum bin ich draußen aus dem einen Loch, habe ich schon wieder Angst, ins nächste reinzufallen. Keine guten Aussichten, kann ich euch sagen.

Dass mich mal jemand verstehen könnte – diese Hoffnung habe ich aufgegeben. Zu viele Freunde habe ich schon verloren, seit ich immer wieder in die dunklen Löcher falle. Und die Freunde, dir mir geblieben sind, können mir leider auch nicht helfen …

Was ich machen soll? Keinen Plan …

Von wem könnten diese Sätze wohl stammen? Kennst du sie vielleicht auch, diese oder ähnliche bedrückende Gedanken, die dir die Freude und Lust am Leben zu nehmen scheinen? Es sind wohl ziemlich viele Teenager, die sich damit besser auskennen, als es ihnen lieb ist.

Das dunkle Gefühl der Verzweiflung übt nämlich eine fast schon seltsame Anziehungskraft auf viele Jugendliche aus. Der zweifelhafte Erfolg der Netflix-Serie „Tote Mädchen lügen nicht“ deutet schon darauf hin. Tausendfach angeklickt wurde beispielsweise auch das Video eines jungen Mannes, der von einem Gerüst am Ulmer Münster in den Tod sprang.

Woher kommt diese Faszination? Warum fühlen sich gerade viele junge Menschen ganz besonders angezogen von dieser dunklen Seite des Lebens. Junge Menschen, die aus objektiver Sicht vielleicht gar keinen besonderen Grund zur Verzweiflung haben?

Beantworten können wir diese Fragen wohl kaum zufriedenstellend. Wir werden wohl damit leben müssen, dass es immer wieder Jugendliche gibt, die mit Verzweiflung kämpfen müssen. Jungen und Mädchen mit Depressionen und Ängsten, für die es vielleicht gar keinen offensichtlichen Grund gibt – und die gerade deswegen so schwer in den Griff zu bekommen sind.

Was wir dann dagegen machen können? Ein richtig gutes Rezept, das allen Betroffenen immer hilft, gibt es wohl nicht.

Zuzuhören und füreinander da zu sein ist aber in solchen Fällen besonders wichtig. Wer seine dunklen Gefühle vor jemandem aussprechen kann, dem ist oft damit schon ein bisschen geholfen. Vor allem, solange er keine gut gemeinten, aber wenig hilfreichen Ratschläge bekommt.

Zuhören ist manchmal mehr wert als alle vermeintlich tollen Tipps. Reden ist Silber, Schweigen ist Gold – der alte Spruch gilt in solchen Fällen manchmal besonders. Gerade ein gemeinsames Schweigen kann hilfreich sein, weil es doch das Gefühl vermittelt, dass wir auch in unserer Verzweiflung nicht allein sind.

Den Blick auf Gott zu richten, vielleicht sogar gemeinsam oder füreinander zu beten, ist natürlich immer gut. Gut und hilfreich, solange man sich nicht in allzu einfachen Aussagen verliert. Es reicht eben meist nicht ein Gebet, damit sich alle Verzweiflung in Wohlgefallen auflöst.

Ja, Jesus ist für uns am Kreuz gestorben. Aber er hat nie gesagt, dass wir es immer einfach haben werden. Auch und gerade dann nicht, wenn wir uns aufmachen, ihm nachzufolgen. Manchmal muss man Schweres und Dunkles aushalten. Gerne darf man versuchen, sich durch diese Zeiten hindurchtragen zu lassen von Gott. Das geht mal einfacher und mal schwieriger. Auf jeden Fall funktioniert es besser gemeinsam!

Impulsfragen

1. Fallen dir Beispiele aus der Bibel ein, in denen Menschen verzweifelt waren? Überleg doch mal – es gibt eine ganze Menge davon. *(Antwortmöglichkeiten: Mose, Hiob, Elia, Jesus am Kreuz, ...)*
2. Was hat diesen Menschen geholfen, mit ihrer Verzweiflung fertig zu werden? Wäre das vielleicht auch eine Möglichkeit für uns heute?
3. In den biblischen Psalmen wenden sich Menschen in ganz verschiedenen Situationen an Gott. Sie lassen uns teilhaben an ihren tiefsten Gefühlen – und ihre Worte können zu unseren Worten werden, vielleicht auch gerade dann, wenn uns selbst die Worte fehlen.
4. In Psalm 88 ist der Beter offensichtlich auch sehr verzweifelt. Mir hat dieser Psalm schon sehr geholfen, eben weil es keine Auflösung der Not gibt; der Psalm hat kein Happy End, der Beter erlebt nicht, dass sich Gott ihm hilfreich zuwendet – ganz so wie im echten Leben auch manchmal. Das macht diesen Psalm so wertvoll und so hilfreich – zumindest für mich. Vielleicht möchtest du ihn auch mal lesen.
5. Kennst du Menschen, die auch unter solchen Gefühlen leiden? Gehörst du vielleicht selbst dazu?
6. Falls ja, ist es am besten, mit vertrauenswürdigen Leuten darüber zu sprechen. Sollte dir keine Freundin und kein Freund einfal-

len, mit der oder dem du reden kannst oder willst, dann hast du vielleicht ein gutes Verhältnis zu deinem Pfarrer, deiner Pastorin, deinem Religionslehrer oder der Jugendkreisleiterin. Außerdem gibt es auch Angebote wie zum Beispiel die Telefonseelsorge – die Telefonnummer verrät dir Google gerne.

Vielleicht ist es auch am einfachsten, wenn du dich zuerst an Gott wendest. Das folgende Gebet kann dir dabei helfen.

Gebet

Gott!
Dunkel ist es.
Stockdunkel.
In der Schule.
Zu Hause.
Ganz tief in mir drin!

Wenn ich Lachen höre,
werde ich neidisch,
oder ich denke,
es ist gefakt, nicht echt.
Selber habe ich fast vergessen,
wie Lachen überhaupt geht.

Verstehen?
Kann mich niemand.
Ich wüsste nicht mal einen,
der es gern versuchen würde.
Mir fällt auch niemand ein,
mit dem ich gern über mich reden würde,
wie es mir wirklich geht.

Hoffnung habe ich eigentlich keine,
von den schönen Dingen wie Vertrauen,
Glaube und Liebe brauchen wir gar nicht erst anfangen!
Wie gesagt: stockdunkel eben,
rabenschwarze Nacht.

Warum ich dir das erzähle,
fragst du dich vielleicht.
Wem denn sonst,
MEIN Gott?
Amen

15. Eltern

Ansage I

Gibt es eigentlich ein Gesetz, dass Eltern peinlich sein müssen? Warum gibt es kaum was Schlimmeres, als dass meine Mutter mich zur Party bringt? Wieso ist es mir lieber, dass die Kumpels meinen Vater nicht treffen, wenn er mich abholt? Das war doch nicht immer so! Aber in letzter Zeit möchte ich meine Eltern am liebsten verstecken! Wenigstens vor meinen Freundinnen und Freunden.

Ihre Kleidung und ihr ganzer Style sind mir manchmal einfach peinlich. Besonders schlimm ist es, wenn sie sich auch noch mit meinen Freundinnen und Freunden unterhalten möchten. Das ist ja bestimmt nett gemeint, aber mir ist es wirklich lieber, wenn meine Eltern im Hintergrund bleiben.

Es ist ja nicht so, dass ich sie nicht mehr mag. Ich hab sie doch wirklich lieb, auch wenn ich das vielleicht viel zu selten sage. Ich wüsste auch gar nicht, was ich ohne sie machen würde. Mit fast allen Problemen kann ich zu ihnen kommen. Sie helfen mir fast immer, wenn sie können. Das weiß ich schon.

Aber trotzdem wäre mein Wunsch: Bitte, liebe Mama, bitte, lieber Papa, bitte, bitte: Haltet euch zurück, wenn meine Freunde aufkreuzen. Lasst euch keine flotten Sprüche oder schlauen Ratschläge einfallen, wenn meine Freundinnen zu Besuch kommen. Am besten macht ihr euch ganz einfach solang unsichtbar. Das wäre doch für uns alle am besten!

Ich weiß sehr wohl, dass ihr es nicht immer leicht habt mit mir. Ihr sagt es mir ja auch oft genug. Ich sei zickig und schlecht gelaunt. Mein

Zimmer sei nicht aufgeräumt und ich solle mehr lernen. Von dem ganzen Stress wegen meines Styles fange ich erst gar nicht an. Oder vom Streit um die Mithilfe im Haushalt.

Pubertät ist bekanntlich die Zeit, in der die Eltern schwierig werden. Das kennen wir vermutlich alle! Mir hilft es, immer wieder daran zu denken: Es ist vollkommen normal, wenn man sich in dieser Zeit öfters mit den Eltern in die Haare kriegt.

Anderen Gleichaltrigen geht es ähnlich. Auch sie sind hin- und hergerissen: Sie lieben ihre Eltern – sie zoffen sich aber auch ständig mit ihnen. Auch ihnen ist die Familie wichtig. Vielleicht sogar das Allerwichtigste! Trotzdem möchten sie oft einfach in Ruhe gelassen werden. Auch meinen Freundinnen und Freunden sind ihre Eltern manchmal peinlich – genau wie mir!

Übrigens: Gott sei Dank ist es andersherum nicht so. Eltern sind fast immer stolz auf ihre Kinder. Sie machen sich Sorgen und natürlich nerven sie manchmal. Aber ganz tief drinnen wissen wir doch, dass sie es nur gut meinen mit uns. Zumindest meistens.

Es könnte also sein, dass es vielleicht doch nicht an den Eltern liegt, wenn das Verhältnis zu ihnen zurzeit nicht ganz einfach ist. Vielleicht müssen wir uns doch ein bisschen mehr an die eigene Nase fassen – obwohl wir das natürlich nie zugeben würden.

Impulsfragen

1. Weißt du, was Verben sind? *(Antwort: Tunwörter)*
2. Welche Verben kommen in den Zehn Geboten vor? *(Antwort: sollen [Modalverb], stehlen, töten, begehren, missbrauchen, machen, … je nach Übersetzung können die bei den Zehn Geboten verwendeten Verben etwas unterschiedlich sein.)*
3. Welches Verb steht bei dem Gebot, welches das Verhältnis zu den Eltern regeln soll? *(Antwort: ehren)*

4. Hast du eine Vermutung, warum ausgerechnet dieses Verb dort verwendet wurde?
5. Warum steht dort nicht, dass man seine Eltern lieben oder mögen soll?
6. Was ist wohl schwieriger beim Umgang mit den eigenen Eltern: sie zu lieben oder sie zu ehren?
7. Wie macht man das eigentlich – jemanden ehren?
8. Haben deine Eltern WhatsApp oder Instagram? Wenn ja, dann schreibe ihnen doch ein Kompliment oder ein Lob – über irgendetwas, das sie vielleicht besonders gut können.
9. Wenn sie fragen, wie du auf diesen Gedanken gekommen bist, dann erzähle ihnen doch von dieser Andacht. Vielleicht machst du ihnen auch den Vorschlag, dass sie auch *ihren* Eltern (also deinen Großeltern) ein Kompliment machen könnten. Wäre das nicht eine schöne Kettenreaktion?

Ansage II

Eine ergreifende Geschichte zu diesem Thema hat Lew Tolstoi geschrieben. Sie heißt „Der alte Großvater und sein Enkel" und geht so:

Es war einmal ein Großvater, der schon sehr, sehr alt war. Seine Beine gehorchten ihm nicht mehr, die Augen sahen schlecht, die Ohren hörten nicht mehr viel und Zähne hatte er auch keine mehr.

Wenn er aß, floss dem alten Mann die Suppe aus dem Mund. Sein Sohn und die Schwiegertochter ließen ihn deshalb nicht mehr am Tisch mitessen, sondern brachten ihm sein Essen hinter den Ofen, wo er in seiner Ecke saß.

Eines Tages, als man ihm die Suppe in einer Schale gebracht hatte, ließ er die Schale fallen und sie zerbrach.

Die Schwiegertochter machte dem Alten Vorwürfe, dass er ihnen im Haus alles beschädige und das Geschirr zerschlage, und sagte, dass sie ihm von jetzt an das Essen in einem Holzschüsselchen geben werde. Der Greis seufzte nur und sagte nichts.

Als der Mann und die Frau einige Tage später zu Hause beisammensaßen, sahen sie, dass ihr Söhnchen auf dem Fußboden mit kleinen Brettern spielte und etwas zimmerte.

Der Vater fragte ihn: „Was soll das denn werden, Mischa?"

Der Kleine antwortete: „Das soll ein Holzschüsselchen werden, Väterchen. Daraus werde ich dir und der Mutter zu essen geben, wenn ihr alt geworden seid."

Der Mann und die Frau sahen sich an und weinten. Ihnen wurde plötzlich bewusst, wie sehr sie den Großvater gekränkt hatten und sie schämten sich. Fortan ließen sie ihn wieder am Tisch sitzen und waren freundlich zu ihm.[9]

Gebete

Lieber Gott!
Ich steh jetzt ganz bewusst vor dir
und weiß, dass du jetzt zuhörst mir.
Danken möchte ich dir heute
für all die lieben, netten Leute,
für meine Freunde und Verwandten,
für Mama, Papa, Onkels, Tanten.

Ich bin froh, dass du mich liebst
und mir diese Menschen gibst,
die mich halten und begleiten,
in guten und in schlechten Zeiten.
Auch du bleibst immer hier bei mir,
und auch dafür dank' ich dir.
Amen.

Lieber Gott!
Früher war doch alles klar,
so einfach, easy, wunderbar.
Stress? – Das hatten wir doch kaum,
unsere Familie – ein Traum.

Heut' sieht es leider anders aus,
es gibt oft Streit bei uns zu Haus'.
Sie nerven mich – und ich sie auch,
ich hab so eine Wut im Bauch.

Woran das liegt – ich muss mich fragen,
eigentlich kann ich mich nämlich
wirklich nicht beklagen!
Vielleicht müsst' ich es ihnen nur
einmal wieder sagen?!
Amen

16. FREUNDE

Ansage

Ein Leben ohne Freunde ist ein Leben ohne Freude! Freunde sind für uns alle wichtig – das ist keine Frage. Gerade in der Pubertät, wo die Eltern und ihr Einfluss an Bedeutung verlieren, gewinnen Freundinnen und Freunde besondere Bedeutung.

Vielleicht habt ihr das auch an euch selbst schon bemerkt: Geht es euch nicht auch so, dass ihr das ganz natürliche Bedürfnis habt, euch ein Stück weit von euren Eltern abzugrenzen? Anstatt an den Eltern orientiert ihr euch doch immer stärker an der Gruppe der Gleichaltrigen.

Oder ist das nicht so? Sind nicht Freundinnen und Freunde manchmal die wichtigsten Bezugspersonen in dieser aufregenden Zeit? Ihr fragt sie um Rat. Ihr bittet sie um Hilfe. Ihr verlasst euch auf ihr Urteil.

Oder nicht?

Wenn man beliebt ist in der Gruppe der Gleichaltrigen, hat man Glück. Kommt man aber nicht gut an oder wird gar ausgegrenzt, so ist das ziemlich schlimm.

Die Sache verschärft sich noch dadurch, dass es ja keine wirkliche Auszeit mehr gibt, keine Schonfristen. Selbst zu Hause, in den eigenen vier Wänden, oder mitten in der Nacht ist man nicht mehr sicher. Durch Smartphone und Internet ist man 24/7 in Kontakt mit den anderen.

Praktisch pausenlos steht man unter Beobachtung. Da wird getextet und gepostet, gelikt und gehated, gefolgt und blockiert, gemailt und gesnappt – oder wie auch immer die gerade beliebteste App sich nennt und was sie zu bieten hat.

Reagiert man ein paar Minuten zu spät auf eine Nachricht oder einen Post, zieht man vielleicht schon kritische Fragen auf sich. Ist man nicht zur richtigen Zeit online, bedeutet das vielleicht schon Stress mit den anderen.

Ja, Freundinnen und Freunde sind wirklich wichtig. Gute Freunde und Freundinnen, wohlgemerkt. Wir brauchen auch außerhalb der Familie Menschen, auf die wir uns verlassen können. Leute, an denen wir uns orientieren können, die uns eine Gemeinschaft bieten, in der wir uns gut aufgehoben fühlen.

Die Bedeutung von Freundschaften wird mit einem Mal besonders deutlich, wenn man Streit hat mit der besten Freundin oder dem besten Freund. Dieses hässliche Gefühl kennen wohl die meisten. Hoffentlich kennt ihr auch das Gefühl der Erleichterung, wenn der Streit vorbei ist und man sich endlich wieder in den Armen liegen, wieder gemeinsam zocken oder zusammen über Mädels reden kann.

Echte Freunde kann man sich bekanntlich nicht kaufen. Beste Freundinnen kann man auch nicht mieten, ganz egal, wie viel Geld man ausgeben würde. Freundschaften kann man auch nicht basteln.

Echte Freunde sind Geschenke. Gute Freundinnen sind ein Segen. Wirkliche Freundschaften sind durch nichts zu ersetzen. Das macht sie so wertvoll!

Wechseln wir doch für ein paar Minuten einmal die Perspektive. Vielleicht gelingt es uns ja für kurze Zeit, uns selbst mit den Augen unserer Eltern zu betrachten. Ja genau, aus Sicht unserer eigenen Eltern!

Die beiden, also Mama und Papa, haben dafür gesorgt, dass es uns überhaupt gibt – natürlich mit Gottes Hilfe, der alles Leben schenkt. Sie haben uns auf den Armen gehalten, unsere Windeln gewechselt und uns das Fahrradfahren beigebracht. Wir wurden getröstet und beschenkt, ins Bett gebracht und versorgt; vermutlich wurden wir auch mal ausgeschimpft.

Bestimmt haben sie sich mächtig ins Zeug gelegt, unsere Eltern, um uns den Weg ins selbständige Leben so leicht wie möglich zu machen. Sie haben uns beraten, finanziert und unterstützt und tun dies vermutlich noch immer.

Und trotzdem mussten sie wohl ziemlich hilflos zusehen, welche Freundinnen und Freunde wir uns gesucht haben. Sie haben erleben müssen, wie ihr eigener Einfluss auf uns nachlässt und wir uns immer mehr von ihnen entfernen. Was die eigenen Eltern sagen, das zählte auf einmal weniger als die Meinung von Gleichaltrigen und Freundeskreis.

Bestimmt haben sie sich manchmal Sorgen gemacht, wir könnten von falschen Freundinnen und Freunden zu Dummheiten verführt werden, auf die viel zitierte schiefe Bahn geraten.

Alkohol, Drogen, Unfälle, unliebsame Kontakte mit der Polizei – wahrscheinlich ist es besser, dass wir nicht alle Sorgen mitbekommen haben, die sich unsere Eltern um uns gemacht haben. Schließlich waren sie auch mal jung, unsere Eltern. Gruppenzwang und schlechte Einflüsse gab es auch zu ihrer Jugendzeit schon. Falsche Freundinnen und Freunde auch, von denen man sagen muss: Wer solche Freunde hat, braucht keine Feinde mehr!

Bestimmt sind unsere Eltern mindestens so froh wie wir selbst, wenn wir die richtigen Freunde gefunden haben; wenn sie mit unserer Clique zufrieden und ein Stück weit beruhigt sein können. Genauso leiden sie vermutlich aber auch mit uns, wenn wir Streit haben, wenn uns Freundinnen und Freunde fehlen oder wenn wir uns tatsächlich mit den falschen Leuten abgeben.

Ja, ich weiß. Man muss nicht immer gleicher Meinung wie seine Eltern sein, schon klar! Aber sie haben einfach ein bisschen mehr Lebenserfahrung als wir – und sie meinen es in aller Regel doch nur gut mit uns.

Deswegen könnte es ja nicht schaden, ihnen ab und zu ein bisschen zuzuhören – vielleicht sogar in Bezug auf unsere Freundschaften.

Impulsfragen

1. Woran entscheidet sich für dich, ob du jemanden als Freundin oder Freund betrachtest? Was muss sie oder er haben?
2. Welche Rolle spielt Zeit in deinen Freundschaften?
3. Kennst du das alte Lied „Welch ein Freund ist unser Jesus“? Schau dir doch mal den Text an – was wird darin über die Freundschaft Jesu zu uns ausgesagt?
4. Wahrscheinlich die bekannteste Freundschaft der Bibel entsteht zwischen David, dem Hirtenjungen, und Jonathan, dem Sohn des Königs. Die Geschichte dieser ungewöhnlichen Freundschaft kannst du in den beiden Samuel-Büchern des Alten Testaments nachlesen. Jonathan unterstützt David sogar dabei, der nächste König des Volkes Israel zu werden, obwohl er ja eigentlich der Nachfolger seines Vaters wäre.
5. David und Jonathan haben Gott in ihre Freundschaft miteinbezogen. Tun wir das in unseren Freundschaften auch? Wenn ja, wie?
6. Das Internet ist voll von guten Sprüchen über Freundschaft. Such dir doch eine schöne Weisheit raus und schick sie deiner besten Freundin oder deinem besten Freund.

Gebete

Lieber Gott!
Danke für meine Freunde.
Danke, dass ich auf dem Schulhof nicht allein bin,
danke, dass im Bus immer gerne jemand neben mir sitzt.
Danke, dass ich Freundinnen und Freunde habe, die mich verstehen,
Menschen, die gerne Zeit mit mir verbringen,
und ich mit ihnen.
Danke, Gott, für dieses große Geschenk.
Amen

Mein Gott!
Einmal ganz ehrlich sein können,
einmal wirklich alle Masken fallen lassen,
einmal alle Geheimnisse teilen können,
einmal alle Sorgen aussprechen,
einmal alles Belastende ablegen.
Das wünsche ich mir.

Gerne hätte ich Freunde,
bei denen ich so sein kann, wie ich bin.
Freundinnen, die mich annehmen mit meinen Stärken
und mit meinen Schwächen.

Freunde, die mich mögen,
Freundinnen, die mich brauchen.
Herr, schenke mir solche Freundinnen und Freunde.
Bitte!
Amen

17. SCHUTZ

Ansage

Das Leben ist lebensgefährlich! Jeder einzelne Tag ist ein kaum kalkulierbares Risiko! Tausende Gefahren lauern an beinahe jeder Ecke: Wir könnten vor der eigenen Haustür stolpern und uns den Fuß brechen. Das nächste Auto könnte uns übersehen und überfahren. Jeden Tag könnte eine schlimme Diagnose beim Arzt auf uns warten – oder auf jemanden, den wir lieben. Ein Arbeitsunfall in der Fabrik, ein Sturz mit dem Roller; ein gebrochener Finger beim Volleyball-Training oder eine Gehirnerschütterung nach einer Rangelei auf dem Schulhof. Gefahren lauern wirklich überall.

Keiner kann uns garantieren, dass wir nicht das nächste Mobbingopfer in der Klasse sind. Niemand weiß, ob ich an der Berufsschule neue Freundinnen und Freunde finde oder ob ich ganz allein dastehe. Es gibt niemanden, der mir versichern kann, dass mein Ausbildungsmeister nicht irgendein Fiesling ist – und auch, dass meine Familie intakt und gesund bleibt (oder wird), ist alles andere als sicher. Viel zu viele schlimme Dinge können passieren und es ist fast schon ein Wunder, dass bisher vieles so problemlos ablief.

Wir Menschen haben alle das Bedürfnis nach Sicherheit. Wir möchten uns gerne schützen vor allem Schlechten, was auf uns zukommen könnte. So gerne würden wir vorsorgen für alle Eventualitäten, die uns unter Umständen zustoßen könnten.

Unser Leben, unser Wohlstand, unsere Gesundheit, unser Glück – das alles soll so gut wie möglich geschützt sein. Diesen Schutz lassen wir uns gerne ein bisschen etwas kosten.

Zum Glück gibt es Versicherungen. Manche von diesen Versicherungen muss man sogar haben. Diese nennt man Pflichtversicherungen. Weil wir den Pflichtversicherungen oftmals – und vielleicht auch zu Recht – nicht genügend zutrauen, helfen wir gerne noch etwas nach. Wir schließen Zusatzversicherungen ab gegen Arbeitslosigkeit und Krankheit, gegen Altersarmut und gegen Pflegenotstand – und gegen vieles mehr. Besonders beliebt sind auch sogenannte Lebensversicherungen.

Ein interessanter Name: Lebens-Versicherungen – als ob man wirklich mit Geld sein Leben absichern könnte.

Alle diese Versicherungen – und es gibt natürlich noch viele mehr – sind durchaus sinnvoll. Sie schützen die Versicherten tatsächlich. Allerdings nicht in der Art, wie man auf den allerersten Blick vermuten könnte.

Versicherungen kosten Geld, die sogenannten Versicherungsbeiträge. Wenn man diese Beiträge vertragsgemäß bezahlt, ist das Versicherungsunternehmen dazu verpflichtet, uns im Versicherungsfall zu helfen. So bezahlt die Krankenversicherung unsere Arztrechnung, wenn wir krank sind. Von der Unfallversicherung bekommen wir Unterstützung, wenn wir einen Unfall hatten, und die Rentenversicherung bezahlt unsere Rente, wenn wir in den Ruhestand gehen.

Die Versicherungen sichern uns also ab. Mit Geld. Mehr können sie nicht tun! Versicherungen können uns nicht vor dem Ereignis schützen, für das sie abgeschlossen sind. Sie können nur die Folgen ein bisschen abmildern. Keine Krankenversicherung kann garantieren, dass wir nicht krank werden. Keine Arbeitslosenversicherung sorgt dafür, dass wir niemals unseren Job verlieren, verbunden mit den ganzen psychischen Belastungen, die dies nach sich ziehen kann. Keine Unfallversicherung bewahrt uns tatsächlich vor Unfällen.

Versicherungen können uns manche Sorgen abnehmen. Sie können beruhigen. Sie können uns in finanzieller Hinsicht ein Stück weit absichern. Sie können uns aber nicht vor den Ereignissen und Risiken bewahren, für die wir sie abgeschlossen haben.

Gegenüber diesen Ereignissen sind wir ziemlich machtlos. Wir sind angewiesen auf unser Glück oder auf den Zufall. Oder es gibt noch jemanden, der dafür zuständig ist – nämlich Gott! Gott, der uns allen das Leben geschenkt hat. Er ist doch dafür zuständig, was in unserem Leben passiert – und was nicht.

Das bedeutet nicht, dass wir vor sämtlichen schwierigen Situationen bewahrt werden, oder dass uns nichts Schlimmes zustoßen kann (siehe Kapitel „Trotzdem“). Deswegen sind Versicherungen ja auch durchaus sinnvoll. Aber vielleicht hat Gott seine schützende Hand viel öfter im Spiel, als uns auf den ersten Blick so bewusst ist.

Überlegen wir doch mal: Glück gehabt! Gott sei Dank! Puh, gerade nochmal gut gegangen! Wer kennt sie nicht, diese kurzen Gedanken der Erleichterung. Sie kommen uns bei verschiedenen Gelegenheiten ganz plötzlich in den Sinn.

Zum Beispiel:
- Glück gehabt! Das Medikament gegen den Krebs meiner Oma hat gewirkt!
- Gott sei Dank! Mein Vater hat endlich wieder Arbeit gefunden.
- Puh, gerade noch mal gut gegangen! Das Auto konnte noch bremsen, ich habe mich mitsamt meinem Fahrrad schon unter der Stoßstange liegen sehen!

Das Leben ist wirklich lebensgefährlich! Jeden Tag könnten uns und unserer Familie schlimme Dinge passieren. Oft merken wir vermutlich gar nicht, wie knapp es wieder einmal war. Wie viel Glück wir wieder einmal hatten. Oder wie geschickt uns Gott beschützt hat, vielleicht sogar so gut, dass wir nicht einmal etwas davon mitbekommen haben.

Wäre heute nicht eine gute Gelegenheit, Gott einmal Danke zu sagen? Danke für die vielen Gelegenheiten, in denen er uns und unsere Familie beschützt hat?

Impulsfragen

1. Fällt dir eine Gelegenheit ein, bei der du schon einmal richtig krass Gottes Schutz erfahren hast? Oder weißt du von jemand anderem eine solche Geschichte? Erzähl doch mal.
2. Wie sieht dein normaler Tagesablauf aus? Dass du einen Stromschlag von deiner elektrischen Zahnbürste oder dem Glätteisen bekommst, ist wohl eher unwahrscheinlich. Aber bestimmt ist auch dein Tag voller Risiken; bestimmt gibt es auch in deinem Leben genügend Gelegenheiten, an denen Gott seine Hand über dir halten muss. Welche fallen dir ein?
3. In der Bibel sind viele Erfahrungen mit Gott überliefert. Welche biblischen Geschichten, in denen Gott Menschen beschützt hat, fallen dir ein? Du wirst vermutlich staunen, wie viele das sind.

Gebet

Lieber Gott!
Es stimmt wirklich.
Wie oft hatte ich schon Glück?
Wie viele Unfälle sind mir erspart geblieben?
Mir und meiner Familie?
Meinen Freundinnen und Freunden?
In wie vielen Fällen hätte es auch anders ausgehen können?
Bei wie vielen Gelegenheiten hat dein Schutzengel schon auf mich aufgepasst – vielleicht sogar, ohne dass ich es überhaupt bemerkt habe?

Heute danke ich dir dafür!
Danke, dass es mir gut geht!
Danke, dass ich gesund sein darf!
Danke, dass du mich schon so oft beschützt hast!

Lieber Gott: DANKE!
Amen

18. UNCOOL

Ansage

Das Leben ist kein Ponyhof! Schon gar nicht als Teenager! Das Verhältnis zu Eltern und Familie wackelt und wankt. Die Meinung der Gleichaltrigen wird immer wichtiger und ersetzt oft weitgehend den Einfluss des Elternhauses. Sich in der Gruppe der Gleichaltrigen behaupten zu können, ist von großer Bedeutung. Keiner möchte allein dastehen, niemand will zum Mobbingopfer werden, jeder hätte gerne viele Freundinnen und Freunde. Das war vermutlich früher nicht anders als heute.

Allerdings ist heute die Beliebtheit messbarer geworden. Sie wird zum Beispiel ausgedrückt in der Anzahl von Likes, durch Kommentare und Follower, Flammen, Smileys, Memes – oder was die gerade aktuellste App eben so bietet.

Rund um die Uhr ablesbar ist diese Skala der Beliebtheit. Rund um die Uhr tobt der Kampf um Beliebtheit. Weder die eigenen vier Wände bieten Schutz und Erholung, noch die späten Nachtstunden. Gnadenlos geht er weiter, der Kampf um möglichst große Beliebtheit, der Fight um Anerkennung.

Welcher Post erreicht die meisten Likes, welches Video wird am öftesten geklickt, wessen Account hat die meisten Follower? YouTube oder Snapchat, Instagram oder WhatsApp, Telegram oder diverse Online-Spiele – die Schauplätze dieser Wettkämpfe wechseln schnell und tragen ganz unterschiedliche Namen. Das Prinzip ist bei den meisten ähnlich. Es geht um Selbstdarstellung und die Suche nach Anerkennung!

Mitzuhalten mit den unzähligen Internet-Schönheiten ist praktisch Pflicht. Durchtrainierte und definierte Oberkörper, makellose Gesichter und Bikini-Figuren mit Model-Maßen geben den Anspruch vor. Kaum noch ein unbearbeitetes Foto, kaum noch eine natürliche Situation – alles muss einfach perfekt sein, wenn man nicht Hohn und Spott auf sich ziehen will.

Eine ganze Auswahl an Bildbearbeitungsprogrammen steht bereit, um auch das kleinste Pickelchen wegzuretouschieren oder sonstige, vermeintliche Unperfektheiten zu eliminieren.

Man kann wohl schon behaupten, dass er härter geworden ist, der Kampf um Coolness. Man wird eben nicht mehr nur an den Gleichaltrigen in der näheren Umgebung gemessen, sondern im Prinzip an allen im Netz. Schutzräume oder Erholungszeiten gibt es nicht mehr.

Das gilt auch für die Verliererinnen und Verlierer im Kampf um Beliebtheit. Die Jugendlichen, die, aus welchen Gründen auch immer, vielleicht verspottet und gemobbt werden. Auch für sie gibt es diese Erholungsphasen nicht mehr! Auch sie sind durch Smartphone und Internet an jedem Ort und zu jeder Zeit Zielscheibe.

Natürlich kann man sein Handy aus der Hand legen. Das erfordert aber starke Selbstdisziplin. Außerdem bekommt man dann nicht mit, was die anderen so schreiben, und riskiert natürlich dadurch, dass man immer weiter ins Abseits gerät.

Hilfe von Erwachsenen bringt wenig. Von den Erwachsenen grenzt man sich doch gerade ab als Jugendliche. Man will sein eigenes Ding machen, eigene Freundinnen und Freunde finden – und das ist ja auch gut so! Aber leicht ist dieser Weg nicht immer – in der Tat kein Ponyhof!

Das Besondere an (guten) Eltern ist, dass sie ihre Kinder immer lieben. Sie können diese Liebe wohl gar nicht abstellen, auch wenn die Kinder sich völlig danebenbenehmen.

Eltern sind auch hoffnungslos begeistert von ihren Kindern, oft zumindest. Auf keinen Fall möchten sie die Kinder eintauschen gegen andere, auch wenn diese vielleicht klüger, hübscher oder braver sind.

Eltern lieben ihre Kinder nicht, weil sie etwas machen. Sie lieben ihre Kinder, weil sie da sind!

Wir alle sind Gottes Kinder. Gott geht es mit uns genauso. Er hat uns schon immer geliebt. So sehr hat er uns geliebt, dass er seinen einzigen Sohn für uns geopfert hat. Das hat er nicht gemacht, weil wir so toll sind oder so cool. Das Gegenteil ist der Fall: Weil wir in Gottes Augen eben oft nicht toll sind, musste er seinen Sohn auf die Welt schicken. Eben weil wir uns so oft danebenbenehmen, war das nötig.

Das beweist aber umso mehr, wie sehr Gott uns mag. Wie richtig gute Eltern ihre Kinder lieben, einfach nur, weil sie da sind, so liebt Gott uns auch. Einfach nur, weil wir da sind!

Deswegen ist er auch die richtige Adresse, wenn wir wieder einmal unzufrieden sind mit uns selbst: wenn wir uns ungeliebt fühlen oder unverstanden. Wenn wir uns wieder mal hoffnungslos uncool vorkommen, dann sind wir bei Gott genau richtig.

Impulsfragen

1. Definiere doch mal, was für dich „cool" ist.
2. Wo bist du selbst „uncool"? Welche Dinge würdest du an dir verändern, wenn du könntest?
3. Wofür benutzt du dein Smartphone? Welche Apps nutzt du am häufigsten?
4. Vielleicht kennst du die Abkürzung „WWJD": *What would Jesus do?* Hast du dir schon mal überlegt, was Jesus mit einem Smartphone heute machen würde?
5. Vielleicht sollten wir uns auch in unserem Verhalten in den sozialen Netzwerken an Jesus orientieren.

Gebet

Lieber Gott!
Noten, Streit und Stress vergessen,
sich nicht mit allen andern messen,
gechillt und locker geh'n durchs Leben,
warum kann's das für mich nicht geben?

Probleme und zu viele Sorgen
verstellen mir den Blick aufs Morgen.
Hab ich's denn nicht verdient, das Glück,
oder warum kommt es scheinbar
nur zu anderen zurück?

Warum kann's nicht so einfach sein,
wie damals, als ich war noch klein?
Probleme gab es fast noch keine,
und wenn, dann war ich nicht alleine.

Jetzt bin ich größer, stärker, älter,
doch um mich herum
– so kommt's mir vor –,
da wird es immer kälter.

Sei du, mein Gott, auch jetzt und hier
ganz besonders nah bei mir!
Gib mir neue Kraft und Mut,
denn deine Nähe tut mir gut.
Amen

19. SORGEN

Ansage I

Omas machen sich Sorgen. Beinahe pausenlos. Zumindest war das früher bei mir so: Sorgen um die Enkel, Sorgen um die Kinder. Sorgen um die Gesundheit – die eigene und die anderer lieber Menschen. Sorgen um die Rente, Sorgen um den Ehemann, …

Gründe, sich Sorgen zu machen, gibt es ja nun wirklich genug.

Auch wir kennen Sorgen. Vermutlich jeder von uns! Vielleicht machen wir uns aus anderen Gründen Sorgen als Omas, aber kennen tun wir sie schon, die Sorgen. Diese nagenden Gedanken, die uns nicht in Ruhe lassen wollen. Nachts rauben sie uns vielleicht den Schlaf, tagsüber kosten sie Nerven und Kraft.

Manchmal ist es richtig nervig: Kaum haben wir uns endlich von den letzten Sorgen verabschiedet, kommen schon die nächsten ums Eck und grinsen fies.

Das besonders Stressige an den Sorgen ist doch auch, dass sie ja nicht einmal was am tatsächlichen Problem ändern. Sie belasten uns nur zusätzlich. Vollkommen unnötig also, diese Sorgen!

Leider haben Sorgen auch keinerlei Probleme mit Kinderarbeit. Und sie kennen keinen Jugendschutz! Deswegen machen sie uns allen zu schaffen, ganz egal, wie alt wir sind. Manchmal lauern sie etwas mehr im Hintergrund, dann wieder schieben sie sich drohend so weit nach vorne, dass wir kaum noch daran vorbeisehen. Ganz weg sind sie leider viel zu selten.

Die Gründe für unsere Sorgen können ganz unterschiedlich sein. Manche Probleme haben wir vielleicht mit anderen gemeinsam. Anderes geht nur uns selbst was an. Manchmal können oder wollen wir nicht einmal mit jemandem darüber reden.

Um unsere Freundinnen und Freunde können wir uns sorgen und um Streit in unserer Familie. Liebeskummer und Eifersucht können uns quälen, oder die bevorstehende Trennung der Eltern. Schulstress und die Angst vor schlechten Noten können uns belasten. Vielleicht machen wir uns aber auch Sorgen um die Gesundheit – unsere eigene oder um die Gesundheit von Verwandten und anderen lieben Menschen. Zukunftsängste können uns plagen oder auch die Frage nach dem Sinn und Zweck unseres ganzen Lebens, und noch vieles mehr.

Je mehr wir darüber nachdenken, umso mehr Gründe für Sorgen fallen uns ein. Du glaubst das nicht? Probier's lieber nicht aus – sonst merkst du, dass ich recht habe!

Ja, an Gründen für Sorgen herrscht meistens auch ohne großes Nachdenken kein Mangel. Manche dieser Sorgen sind sicher berechtigter als andere, aber ernst nehmen sollte man alle. Schließlich machen sie uns zu schaffen, diese verdammten Sorgen!

Vielleicht könnten wir ein paar unserer Sorgen bei Gott abladen? Er hat uns immerhin angeboten, zu ihm zu kommen, wenn wir Hilfe brauchen. Versuchen wir es doch gemeinsam einfach mal:

Impulsfragen

1. In welchen deutschen Worten steckt das Wort „sorgen"? *(Antwortvorschlag: umsorgen, besorgen, sorglos, besorgt, sorgenfrei, Fürsorge, …)*
2. Was haben alle diese Worte miteinander zu tun? Um was geht es bei allen?
3. Hast du eine Idee, warum wir Menschen uns so häufig Sorgen machen? Haben unsere Sorgen vielleicht doch auch einen Nutzen?

4. Fallen dir Bibelverse aus dem Neuen Testament ein, in denen es ebenfalls um dieses Thema geht? Welche Aussage haben diese Verse alle?

Ansage II

Ist es nicht toll, dass sich Gott um uns sorgt? Dass wir ihm nicht egal sind, sondern er sich Gedanken um uns macht und uns umsorgt?

Bei den meisten Problemen und Sorgen hilft es, sie überhaupt einmal mit jemandem zu teilen. Auch hier bietet Gott seine Hilfe an. Er freut sich, wenn wir mit unseren Sorgen zu ihm kommen.

Nicht alle unsere Probleme werden dadurch beseitigt. Es wird sich deshalb auch nicht jede unserer Sorgen in Wohlgefallen auflösen. Aber Gott wird sich um unsere Sorgen kümmern. Auf seine Weise.

Vielleicht gibt es Situationen, in denen wir das bezweifeln; in denen wir uns schwer tun damit, dass Gott sich wirklich um uns und unsere Probleme kümmert. Selbst dann gilt: Schon das Teilen der Sorgen mit jemandem hilft. Und wer könnte dafür besser geeignet sein als Gott?

Bei allem – teilweise berechtigten – Zweifel bleibt etwas doch sonnenklar: Gott erzählt meine Sorgen nicht weiter!

Was hindert mich also daran, ihm alles zu erzählen? Vielleicht mit einem dieser Gebete …

Gebete

Großer Gott!
Schwarze Wolken schieben sich vor die Sonne.
Wo gerade noch bunte Farben geleuchtet haben,
ist auf einmal alles in trübes Grau getaucht.
Der eben noch hell strahlende Himmel hat sich verdunkelt.
Sein beruhigendes Blau ist drohendem Schwarz gewichen.

Genauso sieht es manchmal auch in mir aus.
Stockdunkel, trüb und grau.
Keine Spur von Sonne und Helligkeit.
Zu viele Sorgen quälen mich,
und niemand weiß besser, was mich belastet,
als du!

Aber du, Gott, bist doch größer als meine Sorgen.
Bei dir ist es hell und blau – nicht dunkel und grau!
Ich bitte dich: Kümmere dich um meine Angelegenheiten!
Nimm du mir meine Sorgen und schenke mir Vertrauen auf dich!
Darum bitte ich dich in Jesu Namen.
Amen

Großer Gott!
Noten und Schule,
Freundinnen und Freunde,
Stress in der Familie
oder Sorgen um die Gesundheit,
meine eigene oder diejenige mir lieber Menschen.
Gründe für Sorgen fallen uns allen ein,
mehr als genug.
Manchmal drohen sie sogar,
uns zu ersticken.

Ob du mir dabei helfen kannst, großer Gott?
Sicher bin ich mir nicht immer.
Aber ich wollte dir wenigstens davon erzählen – dann kannst du später wenigstens nicht sagen, du hättest von nichts gewusst.
Amen.

Tipp

Lieder helfen manchmal gegen Sorgen. Es können auch Lieder sein, die vielleicht nicht so ganz deinem Musikgeschmack entsprechen. Du musst ja schließlich keinem davon erzählen, was du dir angehört hast.

Versuchs doch mal mit dem Lied „Ich bin bei dir, wenn die Sorge dich niederdrückt“ von Birgit Dörnen.[10] Vielleicht kannst du die Augen beim Anhören schließen und dich auf den Text konzentrieren.

20. NOTEN

Ansage

Warum ich solch schlechte Laune habe, willst du wissen? Ach, weißt du, die Welt ist einfach nicht gerecht. So viel ist sicher! Eigentlich ist sie sogar ziemlich ungerecht! Böse und unfair, anders kann man das nicht sagen. Da darf man doch auch mal ein bisschen schlecht drauf sein, oder?

Wie ich darauf komme, willst du wissen? Ein paar Beispiele soll ich aufzählen? Gerne:

- *Warum muss Lisa viel weniger lernen als ich und bekommt trotzdem immer bessere Noten?*
- *Wieso kann Alex das ganze Wochenende durchzocken und am Montag dann in der Gesellenprüfung eine Eins machen?*
- *Warum bekommt Leon zu Hause nie Stress, auch wenn er eine Fünf geschrieben hat?*
- *Wieso können sich Lauras Eltern Nachhilfeunterricht leisten und meine nicht?*

Nein, das Leben ist wirklich nicht fair! Warum bekomme ich manche Dinge einfach nicht in meinen Kopf? Warum macht mir die Schule einfach keinen Spaß? Warum habe ich vor jeder Arbeit Schiss – und danach ein mulmiges Gefühl? Warum muss ich vielleicht sogar vor der Zeugnisausgabe auf ein Wunder hoffen – ein Wunder, das dann bestimmt nicht passiert?

Bei Gott zählen keine Noten, sagst du? Das ist natürlich schön, keine Frage. Es ist aber ein ziemlich schwacher Trost, wenn du vor deiner Haustür stehst, mit einer schlechten Klassenarbeit im Rucksack. Wenn du hoffen musst, dass deine Mutter dich nicht danach fragt. Oder du dir heimlich wünschst, dass dein Vater nicht mehr daran denkt, dass du letzte Woche Physik geschrieben hast.

Du kannst es mir glauben – in so einem Fall hilft es dir nicht viel weiter, wenn bei Gott keine Noten zählen!

Kommen dir diese Situationen bekannt vor? Kennst du dieses doofe Gefühl vielleicht aus eigener Erfahrung? Das doofe Gefühl, nicht gut genug zu sein? Den Ansprüchen nicht gerecht zu werden? Im Vergleich mit anderen hinterherzuhinken?

Wenn das so ist, vielleicht hilft dir dann doch ein Blick in die Bibel. Es geht nicht nur darum, dass Gott alle Menschen liebt, unabhängig von ihren Leistungen.

Es geht noch um etwas anderes: Gott hat nämlich schon immer gerne Geschichte geschrieben mit den Menschen, die vor den anderen nicht die großen Heldinnen und Helden waren.

Immer wieder hat er sich für besondere Aufgaben besondere Menschen ausgesucht – und diese Menschen waren eben nicht die großen Macker, sondern häufig eher das Gegenteil. Zumindest am Anfang:

- Dass Gott sich als Stammeltern für sein Volk ausgerechnet ein Ehepaar aussucht, das ganz offensichtlich nicht in der Lage ist, Kinder zu bekommen, ist doch schon krass.
  Hat er aber gemacht – Abraham und Sarah!
- Dass Gott sich als großen Anführer und Befreier seines Volkes ausgerechnet jemanden aussucht, der sich vor Menschen überhaupt nicht gut ausdrücken kann, ist doch komisch.
  Hat er aber gemacht – Mose!
- Dass Gott einen kleinen Jungen zum König über sein Volk salben lässt – einen Jungen, an den in diesem Zusammenhang nicht einmal sein eigener Vater gedacht hatte, weil alle seine größeren Brüder doch viel besser geeignet erschienen – das macht doch keinen Sinn.
  Hat er aber gemacht – David!

- Dass Gott sich als Mutter für seinen Sohn Jesus ausgerechnet eine arme, junge, noch nicht einmal richtig verheiratete Frau aussucht, passt doch irgendwie nicht.
  Hat er aber gemacht – Maria!
- Dass er seinen Jüngern als Vorbild im Glauben ausgerechnet ein kleines Kind präsentiert, macht doch auf den ersten Blick keinen Sinn.
  Hat er aber gemacht!

Es gibt viele weitere solcher Beispiele in der Bibel. Im Alten und im Neuen Testament findest du viele weitere Beispiele, wo Gott sich ganz bewusst die Menschen aussucht, die vor anderen wenig gelten.

Ja, ich weiß. Diese Beispiele passen vielleicht alle nicht auf dich. Die Leute aus der Bibel hatten alle mit ganz anderen Problemen zu kämpfen als du. Okay, das stimmt! Aber auch diese Leute waren bestimmt nicht immer ganz zufrieden mit sich selbst. So wie du! Auch diese Leute haben bestimmt immer wieder gedacht, dass andere alles besser können, sich mit vielem leichter tun als sie selbst. So wie du!

Und – ganz wichtig: Mit all diesen Menschen hatte Gott große Dinge vor! So wie mit dir!

Impulsfragen

1. Frag doch mal Google, welche berühmten, intelligenten Menschen schon eine Klasse wiederholen mussten. Ich glaube, du wirst dich wundern!
2. Fallen dir vielleicht noch andere Personen aus der Bibel ein, außer den oben schon genannten; Personen, die ziemliche Loser waren – und die sich Gott für besondere Aufgaben ausgesucht hat?

Gebete

Lieber Gott!
Es ist ja nicht so,
dass ich immer nur schlechte Noten habe.
Ich freue mich wirklich,
wenn die Klassenarbeit gut gelaufen ist
und das Lernen sich gelohnt hat.
Danke dafür!

Aber manchmal geht es einfach schief,
warum – das weiß ich selbst oft nicht.
Enttäuscht und wütend bin ich dann,
und weiß nicht einmal so richtig,
gegen wen und warum.

Danke, dass du auch dann für mich da sein willst,
wenn ich nicht zufrieden bin mit mir,
wenn die Lehrer mich ermahnen
und meine Eltern schimpfen.

Danke, dass es bei dir kein Ungenügend gibt,
und auch kein Mangelhaft.
Danke, dass alle bei dir eine neue Chance bekommen.
Auch ich.
Amen

Mein Gott!
Es ist ja nicht so, dass ich überhaupt keine Lust habe
auf die Schule und das Lernen.
Aber weißt du, es nervt mich wirklich,
wenn das ganze Lernen nichts bringt.

Hättest du vielleicht noch Lust darauf,
wenn du stets nur schlechte Noten schreibst,
wenn du deswegen zu Hause Probleme kriegst
und vielleicht sogar von deinen Freunden belächelt wirst?

Kannst du dir das Gefühl vorstellen,
dieses Gefühl, das dich beschleicht,
wenn der Lehrer die Klassenarbeiten dabeihat,
wenn er mit diesem ganz bestimmten Ausdruck im Gesicht auf dich zukommt?

Kannst du es dir vorstellen – dieses Gefühl?
Es macht keinen Spaß, so viel kann ich dir verraten.
Das Nachhausekommen ist auch nicht besser,
mit einer schlechten Note im Gepäck,
du kennst sie ja – meine Eltern!

Ich danke dir, dass wenigstens bei dir die Noten nicht zählen.
Mach doch auch meinen Lehrern klar,
dass es Wichtigeres gibt auf der Welt als Zensuren,
und zeig das Gleiche auch meinen Eltern!
Hilf aber auch mir, mein Gott,
dass meine Noten besser werden;
schenke du mir neue Motivation für die Schule,
für die Hausaufgaben und das Lernen
– und für mein ganzes Leben!
Amen

Tipp

Wenn deine Eltern, vielleicht zum wiederholten Mal, unzufrieden sind mit deinen Noten, dann erzähle ihnen doch diesen kurzen Witz – vielleicht hilft es ja:

Vater zum Sohn: „In deinem Alter war George Washington Klassenbester! Nimm dir doch mal ein Beispiel an ihm!“
Sohn zum Vater: „Und in deinem Alter war er Präsident!“

21. PRÜFUNGEN

Ansage

Keiner mag Prüfungen! So viel ist schon mal sicher! Es ist ja auch eine wirklich doofe Situation:

Der ganze Stress mit dem Lernen, das stundenlange Grübeln, was drankommen könnte, die schlaflose Nacht davor, das Nervenflattern und Herzklopfen, nicht zuletzt auch meine Angst vor dem Versagen.

Ja, ich kann jeden verstehen, der am liebsten davonrennen würde, anstatt in die Prüfung zu gehen.

Aber es hilft ja nichts! Prüfungen sind nun mal nötig! Das sieht ja jeder ein. Wir werden sie auch überleben – und das Gefühl danach ist herrlich. Zumindest, wenn das Ergebnis der Prüfung gut war. Als hätte irgendjemand eine tonnenschwere Last von mir genommen. So, als ob man gleich abheben könnte. Unvergleichlich schön. Aber der Stress und die Angst davor belasten einfach.

Ist die Prüfung aber schlecht gelaufen, das Ergebnis vielleicht nicht wunschgemäß oder vielleicht sogar katastrophal – was dann?

Tja, auch dann geht es weiter, das Leben! Vielleicht ein bisschen anders als erhofft, aber irgendwie geht es immer weiter. Kann sein, dass es ein paar Wochen, vielleicht auch ein paar Monate oder sogar Jahre dauert – aber irgendwann können fast alle über misslungene Prüfungen lachen. Oder zumindest lächeln.

Manche sind sogar froh darüber – aus ganz verschiedenen Gründen. Kein Mensch kann in die Zukunft schauen. Niemand kann deshalb aus heutiger Sicht sicher sagen, was ein Prüfungsergebnis für Auswirkungen haben kann.

Vielleicht muss man eine Klasse wiederholen – man lernt dabei aber neue Freunde kennen und bekommt am Ende ein Zeugnis mit Belobigung! Vielleicht muss die Klausur ein Semester später noch mal geschrieben werden – man trifft dafür aber im Vorbereitungskurs die Liebe seines Lebens!

Vielleicht muss die Führerscheinprüfung noch mal gemacht werden – dafür wird man vor einem schlimmen Unfall bewahrt! Vielleicht …

Leider ist es nur so, dass dieses Wissen einem vorher nicht viel hilft. Man ist kein bisschen weniger aufgeregt, man lernt kein bisschen lieber und man fühlt sich nicht gechillter – nur weil man weiß, dass vermutlich nicht die Welt untergehen wird, wenn man die Prüfung nicht besteht.

Schließlich hängt das Ergebnis ja auch nicht nur vom Lernen ab. Es gibt bekanntlich leichte und schwere Fragen. Welche werden es wohl bei mir sein? Man ist nicht an allen Tagen gut drauf. Hoffentlich erwische ich keinen schlechten Tag an meiner Prüfung. Man kann Glück oder Pech haben.

Prüferinnen und Prüfer sind auch nur Menschen; Menschen mit Fehlern und Schwächen. Auch deswegen läuft nicht jede Prüfung gleich ab: Manche Professoreninnen und Meister verlangen mehr von einem als andere. Es gibt besonders strenge Schulleiterinnen und Fahrlehrer – und auch ganz lockere.

Bei so vielen Unsicherheiten ist es kein Wunder, dass man aufgeregt ist; auch die beste Vorbereitung schützt nur zu einem bestimmten Maß vor schlechten Ergebnissen. Klar, dass sich Sorgen, Angst und manchmal sogar Panik breitmachen im Vorfeld einer wichtigen Prüfung.

Aber trotzdem gilt: Keine Prüfung dieser Welt hat das letzte Wort! Gott ist nicht nur größer als all unsere Angst. Er ist auch größer als das Prüfungsergebnis – ganz egal, wie es ausfallen wird!

Er hat übrigens nirgends versprochen, dass er uns alles Schwierige und Anstrengende erspart. Nie hat er behauptet, dass man als Christ nichts Schweres ertragen muss oder dass es einem immer gut geht. Nein, das hat er nicht.

Versprochen hat er aber, dass er uns nie verlässt. Auch dann nicht, wenn wir ihn vielleicht gar nicht brauchen können oder wenn er uns egal ist. Er will immer bei uns sein! Das dürfen wir gerne in Anspruch nehmen – auch und gerade in den schwierigen Zeiten und nervenaufreibenden Situationen. Gerade damit kennt er sich nämlich bestens aus.

In Bezug auf Prüfungen gilt übrigens auch der alte Spruch: Wer zuletzt lacht, lacht am besten! Auch nach dieser Prüfung wird das Leben nämlich weitergehen! Es wird auch wieder Gründe zum Lachen geben, Zeiten zum Chillen und Gelegenheiten, sich zu freuen. Versprochen!

Impulsfragen

1. Welche Erfahrungen hast du schon mit Prüfungen gemacht? Welche hast du vielleicht schon hinter dir?
2. Was hat dir in der Zeit davor geholfen? Wie hast du am besten gelernt? Hast du für die Prüfung gebetet? Haben vielleicht sogar andere für dich gebetet?
3. Steht bei dir in nächster Zeit eine Prüfung an? Vielleicht eine, vor der du Angst hast?
4. Warst du schon mal verliebt? Falls ja, hätte es deine Gefühle irgendwie negativ beeinflusst, wenn die geliebte Person durch eine Prüfung gefallen wäre? *(Nein? Kein Wunder! Der tatsächliche Wert einer Person hängt nämlich nicht an Prüfungsergebnissen. Nicht für wichtige andere Menschen. Und auch nicht für Gott!)*

Gebet

Herr, mein Gott!
Ich bin ein bisschen aufgeregt.
Es ist Prüfungszeit und ein wenig Angst habe ich schon.
Werde ich die Aufgaben verstehen?
Wird mir das Richtige einfallen?
Werde ich meine Noten halten können?
Du, Gott, bist doch größer als alle meine Angst und mein Stress.
Bitte gib mir Ruhe und Kraft,
Selbstvertrauen und einen ruhigen Schlaf.
Und zeige mir auch, dass es wichtigere Dinge im Leben gibt
als Noten und Prüfungen.

Gott, nimm mich bei der Hand und begleite mich durch diese Zeit
und durch mein ganzes Leben.
Amen!

22. BIBEL

Ansage

Von der Steinaxt zum Smartphone!

Würdest du sagen, dass sich die Menschen verändert haben in den letzten paar hundert oder tausend Jahren? Sind wir noch die gleichen Typen wie unsere Vorfahren, die ja offensichtlich ein ganz anderes Leben geführt haben als wir? Plagen uns dieselben Ängste, machen wir uns ähnliche Sorgen, freuen wir uns an den gleichen Dingen? Oder kann man das Leben der Menschen früher überhaupt nicht mit dem Leben heute vergleichen?

Auf den ersten Blick mag es schon so aussehen, als sei früher alles, aber auch wirklich alles, ganz anders gewesen – abhängig natürlich davon, wie weit wir in der Geschichte der Menschheit zurückgehen: weniger Wissen, weniger Wohlstand, weniger Freiheit, um nur einige Bereiche zu nennen.

Denkt man aber ein bisschen genauer nach, dann müsste doch auffallen, dass ziemlich vieles noch immer recht ähnlich ist. Ein alter Freund von mir hat es einmal so ausgedrückt: Letztendlich geht es jedem einzelnen Menschen nur um zwei Dinge – um Wohlstand und um Beziehungen!

Damit hat er im Grunde doch recht. Einen riesigen Teil unserer Zeit sind wir damit beschäftigt, unseren Lebensunterhalt zu verdienen, unseren Besitz zu erhalten und zu vermehren. Ziemlich viele unserer Gedanken drehen sich eben genau darum – das war früher nicht anders.

Das Interesse, den richtigen Menschen als Lebenspartnerin oder -partner zu finden, genügend Freundinnen und Freunde und eine tolle Familie um sich zu haben, Anerkennung und Aufmerksamkeit von den Mitmenschen zu bekommen – das ist uns doch allen wichtig. Auch in diesem Punkt unterscheiden wir uns kaum von unseren Vorfahren: Vielleicht haben die Steinzeit-Teenager versucht, das Mädchen ihrer Wahl mit einer tollen Steinaxt zu beeindrucken, während wir das mit unserem Smartphone oder der Anzahl unserer Likes bei Instagram versuchen.

Die Absicht dahinter ist genau die gleiche – und das Gefühl, wenn es denn geklappt hat (oder auch nicht), war damals vermutlich nicht viel anders als heute.

Auch die Frage nach dem Sinn des Lebens hat sich den Menschen früherer Zeiten genauso gestellt wie uns. Wo wir herkommen und wo wir hingehen, wenn wir gestorben sind – diese Dinge gingen den Menschen früher durch den Kopf, und sie tun es auch heute noch.

Nein, von den ganz grundlegenden Dingen hat sich wohl wirklich relativ wenig verändert im Leben von uns Menschen. In vielerlei Hinsicht geht es bei uns heute um ähnliche Dinge wie früher. Es beschäftigen uns die gleichen Fragen, wir erleben ähnliche Gefühle, wir haben ganz ähnliche Ziele!

Aus diesem Grund ist die Bibel kein altmodisches Buch. Sie kennt uns und unsere Artgenossen viel genauer, als wir uns überhaupt vorstellen können. Je mehr wir uns mit diesem krassen Buch beschäftigen, umso mehr wird klar, wie viele menschliche Grunderfahrungen darin verarbeitet sind. Wie genau Gott seine Menschen kennt – und wie genial sein Plan für uns ist! Daran gibt es nicht den geringsten Zweifel.

Die Bibel ist einfach unvergleichlich! Selbst Menschen, die mit Gott eigentlich gar nichts anfangen können, sind begeistert von ihr. Allein diese Tatsache sollte uns Christen schon ermutigen, uns mehr mit diesem genialen Werk zu beschäftigen.

Kein Buch wurde öfter verkauft, keines wurde in mehr Sprachen übersetzt. Kein Buch hat die Welt stärker beeinflusst als die Bibel. Es wurde auch kein Buch besser erforscht oder schärfer kritisiert. Die Bibel wurde oft schon verspottet und verlacht. Man hat sie als Märchenbuch bezeichnet oder als ein Werkzeug zur allgemeinen Volksverdummung. Bisher hat sie aber alle diese Angriffe überstanden.

Die Bibel war das erste Buch, das jemals gedruckt wurde. Erst die deutsche Bibelübersetzung von Martin Luther hat dafür gesorgt, dass sich ein einheitliches Hochdeutsch bilden konnte. Menschen aus unterschiedlichen Regionen des heutigen Deutschlands konnten sich vorher nicht richtig miteinander verständigen.

Auch an der Gründung und dem Aufbau des Schulwesens hatte die Bibel einen entscheidenden Anteil. Die Menschen sollten doch Gottes Wort in ihrer eigenen Sprache lesen und verstehen können. Dazu musste nicht nur die Bibel ins Deutsche übersetzt werden. Die Leute mussten auch lesen lernen! Daher wurden die ersten Schulen für das Volk gegründet.

Die Bibel ist voll von schlauen Sätzen und guten Geboten. Viele dieser Gebote finden sich auch in unseren Gesetzen wieder – aus gutem Grund.

Unbestreitbar ist auch der wertvolle Einfluss der Bibel auf unsere Verfassung. Die für uns selbstverständliche Ansicht, dass die Würde des Menschen an oberster Stelle steht und dass alle Menschen gleich viel wert sind – diese Dinge stammen original aus der Bibel.

Manche Geschichten aus der Bibel sind angeblich kinderleicht zu verstehen – und trotzdem können schlaue Expertinnen und gelehrte Professoren tausende Seiten darüber schreiben.

Trotz der vielen schlauen Leute, die sich mit der Bibel beschäftigt haben, stammen manche der schönsten Zitate über die Bibel von Kindern. So sagt die zehnjährige Valentina: „Für mich ist die Bibel wie ein Zaun. Ich kann von einer Seite auf die andere springen und fühle, wie mich Gott dabei beschützt.“ Ihre gleichaltrige Klassenkameradin Lara ergänzt: „Für mich ist die Bibel wie ein großes Herz. Jeder findet seinen eigenen, besonderen Platz darin.“

Impulsfragen

1. Die Bibel ist mehr als ein Buch. Sie ist eine Bibliothek, eine Sammlung von Büchern. Gleichzeitig ist sie auch eine Schatzkammer; eine Sammlung wertvoller Verse und Geschichten. Welche biblische Geschichte oder Aussage gefällt dir besonders gut?
2. Schlagt doch mal das Inhaltsverzeichnis eurer Bibel auf. Aus welchen biblischen Büchern habt ihr schon am meisten gelesen? Welche sind euch noch ganz unbekannt? Vielleicht wollt ihr das ja ändern!
3. Die Bibel ist ganz schön dick. Welche Geschichten, welche Gebote, welche Verse daraus sollte man unbedingt kennen? Erstellt gemeinsam einen Bibel-Crash-Kurs für Interessierte.

Gebet

Großer Gott!
Die Bibel ist ein dickes Buch,
es spricht mich oft nicht an.
Und doch behaupten viele,
dass man DICH darin finden kann.

Hilf mir beim Lesen zu verstehen,
was dein Wille für mich ist.
Herr, lass mich erkennen,
dass du der Allergrößte bist!

Ich danke dir, dass du mich magst,
du Herr der ganzen, weiten Welt.
Danke, dass du bei mir bleibst,
auch wenn sonst keiner zu mir hält.
Amen

23. ZWEIFEL

Ansage

Nach meinen Eltern fragen Sie? Sorry, aber mit denen kann ich zurzeit nicht so viel anfangen. Von ihnen möchte ich mir am liebsten gar nichts mehr sagen lassen.

Wie bitte? Meine Lehrer? Die sind ja noch schlimmer. Ständig wollen sie etwas von mir und haben dabei doch keine Ahnung, wie es mir wirklich geht.

Politiker? Keine Ahnung, ich kenne keinen genauer. Interessiert mich auch nicht.

Gott? Das wird ja immer besser. Was wollen Sie denn mit Gott? Ob es ihn gibt? Meine Meinung zu ihm? Puh, keine Ahnung! Ehrlich gesagt kann ich mir nicht wirklich vorstellen, dass da oben einer auf der Wolke sitzt und zu uns herunterschaut. Das glaubt doch heute kein Mensch mehr.

Ob ich manchmal bete? Na, hören Sie mal, jetzt wird's aber persönlich. Okay, ja, ich geb's ja zu. Manchmal bete ich, vor allem dann, wenn es mir schlecht geht. Aber ob Gott mich hört und ob es ihn gibt, weiß ich nicht. Gesehen habe ich ihn jedenfalls noch nie!

Wie – ob man Kindern von Gott erzählt? Ja klar, Kindern erzählt man schon Geschichten von Gott. Aber als Erwachsener glaubt man da doch nicht mehr dran.

Meinen eigenen Kindern? In der Zukunft? Ob ich denen mal Geschichten von Gott erzähle? Ob ich mit ihnen mal bete? Hm, das ist wirklich eine gute Frage. Keine Ahnung. Wahrscheinlich schon. Die Geschichten sind ja schon schön. Außerdem – wer weiß, vielleicht gibt es Gott ja doch.

Ja, ich weiß, ich habe vorhin gesagt, dass ich mir das nicht vorstellen kann, so einen alten Mann mit weißem Bart auf einer Wolke. Aber vielleicht sieht Gott ja auch ganz anders aus. Vielleicht gibt es ihn ja doch. Keine Ahnung … aber schön wäre es schon! Irgendwie.

Zweifel sind etwas ganz Normales. Vor allem als Jugendlicher stellt man viele Fragen und zweifelt an allem Möglichen. Man hat ja schließlich auch viele Gründe, nicht alles zu glauben, was einem erzählt wird. Immer mehr beginnt man damit, sich eigene Gedanken zu machen.

Was Eltern, Lehrerinnen und Lehrer und andere Erwachsene sagen, wird immer öfter hinterfragt – das ist ja auch gut so. Schließlich können auch Eltern Fehler machen. Lehrerinnen und Lehrer sind auch nicht unfehlbar. Erwachsene können ungerecht und fies sein. Manchmal muss man das leider auf die harte Tour lernen.

Deswegen ist es gut, dass sich Jugendliche eigene Gedanken und ein eigenes Bild von der Welt machen.

Vielleicht haben deine Eltern dir schon viel von Gott erzählt. Vielleicht hast du als Kind begeistert den Geschichten aus der Bibel zugehört. Vielleicht hattest du früher nie Zweifel an Gott. Zweifel daran, ob er wirklich da ist, ob er dich wirklich kennt und liebt. Oder Zweifel an der Tatsache, dass es ihn überhaupt gibt.

Vielleicht stellen sich dir jetzt aber genau diese Fragen. Du bist dir auf einmal gar nicht mehr so sicher, ob die Bibel wirklich stimmt. Ob Gott überhaupt existiert. Vielleicht glaubt in deiner Klasse keiner mehr so richtig an ihn. Und auch du hast deine Zweifel.

Wenn das so ist, dann kannst du ganz beruhigt sein: Du bist damit nicht allein. Viele Jugendliche haben mit den gleichen Gedanken zu kämpfen – und auch viele Erwachsene zweifeln immer wieder. Das ist heute so – und früher war das auch nicht so viel anders.

Selbst die Bibel berichtet von zweifelnden Menschen. Von Menschen, die vielleicht die tollsten Sachen mit Gott erlebt haben, die aber dann trotzdem so enttäuscht wurden, dass sie gar nicht mehr glauben konnten. Oder nicht mehr glauben wollten.

Die Bibel wäre nicht die Bibel, wenn sie nicht auch für das Problem mit den Zweifeln eine Antwort hätte. Die Bibel liefert uns keinen unumstößlichen Beweis für Gott. Würde es nämlich so einen Beweis geben, wäre der Glaube kein Glaube mehr.

Jesus gibt uns vielmehr die Kinder zum Vorbild. Wir alle sind Kinder Gottes – und wir sollen von den Kindern auf dieser Welt lernen. Kleine Kinder haben es nämlich viel leichter mit den Zweifeln. Sie wissen weniger von der Welt, stellen weniger Fragen und geben sich mit den Antworten schneller zufrieden. Ihnen ist bewusst, dass sie vieles in der Welt noch nicht verstehen. Daher glauben sie den Aussagen der Erwachsenen viel schneller.

Von diesen Kindern sollen wir lernen. Als Kinder Gottes dürfen wir seinen Antworten vertrauen. Wir werden nicht alles verstehen. Wir werden nicht alle Handlungen Gottes nachvollziehen können. Manche Fragen, Ängste und Zweifel bleiben bestehen.

Aber wir können und dürfen auf Gott vertrauen – als seine geliebten Kinder. So wie kleine Kinder bedingungslos ihren Eltern vertrauen, so sollen auch wir auf Gott vertrauen.

Das geht nicht von jetzt auf gleich – das ist ein Lernprozess. Aber einer, der sich lohnt.

Auf Gott zu vertrauen, macht übrigens Sinn. Denn anders als unsere Eltern, als Lehrerinnen und Lehrer – als alle Erwachsenen überhaupt – macht Gott eben keine Fehler. Er vergisst nichts, er ist nicht fies oder ungerecht. Gott ist als Einziger tatsächlich unfehlbar!

Deswegen lohnt es sich, unser Vertrauen auf ihn zu setzen – bei allen Zweifeln dürfen wir nämlich trotzdem wissen: Gott ist größer!

Impulsfragen

1. Lies doch mal nach, wie es Elia ergangen ist. Er wurde auch von Zweifeln und Ängsten geplagt, er hatte aber auch wunderbare Erlebnisse mit Gott. Wo das steht, fragst du?
2. Schau mal nach, vielleicht findest du es selbst heraus – Google und eine Online-Bibel können dir bestimmt helfen.

Gebete

Lieber Gott!
Ich kann nicht sicher sagen,
ob du mich kennst und mich liebst,
ein bisschen wünsche ich's mir aber schon,
dass es dich wirklich gibt.
Amen

Mein Gott!
Ich bin mir nicht sicher,
ob du mir überhaupt zuhörst.
Ich kann noch nicht einmal sicher sagen,
ob ich an deine Existenz glauben kann.
Um ganz ehrlich zu sein,
fällt mir die Vorstellung in letzter Zeit immer schwerer,
dass es dich wirklich gibt!
Und dann ertappe ich mich doch immer wieder,
wie ich zu dir bete,
wie ich hoffe und wie ich daran glaube,
dass du mir helfen kannst,
auch dann, wenn sonst nichts mehr geht.
Nimm mir meine Zweifel und meine Unsicherheit,
lass mich immer wieder neu auf dich vertrauen.
„Ich glaube, Herr, hilf meinem Unglauben."
Amen

24. TROTZDEM

Ansage

Warum? Fassungslos steht er da, den Telefonhörer noch in der Hand. Während die Tränen über sein Gesicht laufen, lässt er sich wortlos auf einen Stuhl sinken. Wie versteinert ist seine Miene. Ausdruckslos starren seine Augen ins Leere. Was sich in seinem Kopf abspielt, können wir nur erahnen ...

Ich bin mir sicher, es fällt keinem von uns schwer, sich eine Erklärung für diese kurze Szene auszudenken. Er hat wohl eine tragische Nachricht erhalten, dieser Mann am Telefon. Einen echten Schicksalsschlag vermutlich.

So außergewöhnlich ist das leider nicht: Jeden Tag gibt es tragische Unfälle. Jeden Tag passieren tausende schlimme Dinge. Jeden Tag werden Menschen ins Unglück gestürzt, viele davon vollkommen grundlos. Krankheit und Tod, Unfall, Misserfolg oder Liebeskummer, Naturkatastrophen, Verbrechen oder Ungerechtigkeiten – die Liste der möglichen Gründe ist lang. Beinahe endlos erscheint sie, wenn man kurz darüber nachdenkt – und hinter jedem dieser Schicksalsschläge steht die große Frage nach dem Warum?

Warum musste *es* passieren?
Wieso konnte *es* nicht verhindert werden?
Wie konnte Gott *es* zulassen?

Vielleicht ist diese Frage die größte Herausforderung an den christlichen Glauben. An den Glauben an einen guten Gott. An einen guten Gott, dem nichts unmöglich ist. Die Tatsache, dass es Leid und

Unglück gibt und wir so oft nicht einmal eine Erklärung bekommen, warum das sein muss.

Es passt beim besten Willen eben nicht zusammen, dass da ein großer und allmächtiger Gott sein soll, der seine Menschenkinder angeblich so liebt und der es trotzdem immer wieder zulässt – das viele Leid auf dieser Welt.

Es wird darauf auch keine Antwort geben. Zumindest keine, die uns zufriedenstellt! Das geht nicht nur Kindern und Jugendlichen so. Auch Erwachsene haben dafür keine Erklärung, nicht einmal Pfarrerinnen oder Seelsorger. Selbst in der Bibel findet man darauf keine Antwort. Man findet Menschen, denen schlimme Dinge widerfahren. Man lernt Leute kennen, die Gott anklagen, weil er ungerecht zu sein scheint. Man erfährt von Leuten, die gelernt haben, mit Leid zu leben. Aber eine Antwort auf die Frage, wie Gott das ganze Leid zulassen kann, findet man auch im Buch der Bücher nicht.

Einer, dem es wirklich dreckig ergangen ist, war Hiob. Ein ganzes Buch der Bibel ist nach ihm benannt und von ihm kommt auch der Ausdruck Hiobsbotschaft – damit meint man eine ganz besonders schlechte Nachricht.

Hiob hat gelernt, mit seinem Leid zu leben, aber es hat ganz schön lange gedauert. Und wirklich befriedigend ist seine Erkenntnis auch nicht, wenn man gerade mitten im Leid steckt.

Aber was sind die Alternativen? Wie kann man das gedanklich auf die Reihe bringen, dass es einen guten Gott geben soll, der angeblich alle Menschen liebt, der allmächtig ist – und der trotzdem so viel Schlimmes nicht verhindert?

Tatsachen sind zuerst mal: Wir sind da! Es gibt das Leid auf dieser Welt! Gott ist da – oder vielleicht auch nicht?

Das führt uns zur ersten Möglichkeit: Man kann natürlich zum Schluss kommen, dass es ihn gar nicht gibt, diesen Gott der Bibel. Es kann ihn nicht geben, weil ich ihn nicht verstehen kann. Ich kann den Widerspruch in meinem Kopf nicht auflösen, also kann es keinen Gott geben. Zumindest keinen, der gut und allmächtig ist.

Das ist natürlich eine Möglichkeit. Allerdings hat Gott nirgends versprochen, dass wir ihn auch nur ansatzweise verstehen könnten. Er sagt sogar eher das Gegenteil, nämlich, dass wir ihn eben nicht verstehen könnten. Außerdem: Wäre das wirklich ein Gott, wenn *wir* alle seine Handlungen verstehen könnten? Irgendwie auch nicht so ganz zufriedenstellend, dieser Ausweg. Oder?

Kommen wir zur zweiten Möglichkeit: Man könnte Gott natürlich auch einfach nicht mehr beachten. Nach dem Motto, wenn du mir nicht hilfst, dann kannst du mich mal!

Das ist natürlich eine weitere Möglichkeit. Aber lässt sich das wirklich so durchziehen? Können wir diese Haltung lange durchhalten? Oder kommt nicht bald schon die nächste Gelegenheit, in der wir wieder auf seine Hilfe hoffen? Vielleicht auch hoffen müssen? Also auch nix!

Aber vielleicht ja der dritte Versuch: Wir werden ganz einfach richtig zornig! Wir werfen Gott vor, dass er uns nicht hilft und dass er für das ganze Leid und die schlimmen Dinge verantwortlich ist. Er könnte doch die Dinge anders laufen lassen, tut es aber nicht. Also ist er schuld!

Das stimmt natürlich. Gott ist dafür verantwortlich und man kann ihn auch anklagen. Das haben in der Bibel auch schon manche Leute getan. Das Problem an der Sache ist allerdings: Vor wem soll Gott sich verantworten? Beim wem kann man ihn anschwärzen, wo soll man sich über ihn beschweren? Gott ist er ja schon selbst ...

Offensichtlich auch nicht so der Brüller, Versuch Nummer drei.

Die letzte Möglichkeit wäre natürlich, alles Leid geduldig zu ertragen, jedes Unglück und jeden Schmerz aus Gottes Hand anzunehmen. Und dabei darauf zu vertrauen, dass er schon weiß, was er tut.

Aber schaffen wir das? Kann man das als klar denkender Mensch überhaupt schaffen?

Puh, genau! Eine einfache Lösung für das Problem gibt es nicht. Schon gar nicht, wenn man aktuell vielleicht sogar in einer solchen Notlage steckt, die man nicht verstehen kann.

Aber trotzdem ist es immer noch besser, am Glauben an einen Gott festzuhalten, auch wenn man ihn nicht verstehen kann.

Es ist immer noch tröstlicher, jemanden anklagen zu können und darauf zu hoffen, dass man vielleicht irgendwann einmal alles verstehen wird. Tröstlicher, als alles nur dem Zufall in die Schuhe zu schieben – ohne eine Adresse für seine Wut und Anklage zu haben, ohne die Hoffnung auf irgendeinen Sinn, auch wenn er uns verborgen bleibt.

Der Glaube an einen liebenden Gott ist das große Trotzdem in der Welt.

Ein Trotzdem, das sich nicht totkriegen lässt von allen gegenteiligen Erfahrungen und Enttäuschungen – zumindest nicht auf Dauer! Ein Trotzdem, das uns Hoffnung geben will – selbst wenn alles hoffnungslos erscheint. Ein Trotzdem, das auch deshalb so stark ist, weil Gott in seinem Sohn Jesus Christus selbst genug Schweres erfahren hat.

Das Trotzdem kommt also nicht von einem Unbeteiligten, von jemandem, der keine Ahnung hat von Leid und Schmerz. Nein, ganz im Gegenteil: Gott kennt sich aus eigener Erfahrung bestens aus mit schweren Situationen – deshalb könnte man ihm doch auch in schweren Situationen vertrauen.

Einen Versuch wäre es immerhin wert. Oder?

Impulsfragen

1. Zeichne ein Dreieck auf ein Blatt. Schreibe neben die erste Spitze: Gott ist gut. Neben die zweite: Gott ist allmächtig. Neben die dritte: Gott liebt alle Menschen.
2. So – jetzt hast du den Widerspruch grafisch dargestellt. Dieses Dreieck passt nämlich nicht zusammen – eine der Spitzen muss falsch sein. Oder?
3. Hast du gerade eben aufgepasst? Erinnerst du dich an die vier Alternativen? Für welche entscheidest du dich?

Gebet

Im Keller eines Hauses, in dem sich während des Zweiten Weltkrieges Juden versteckt hatten, fand man diesen Spruch, den wir heute anstelle eines Gebetes gemeinsam anhören möchten:

Ich glaube an die Sonne, auch wenn sie nicht scheint.
Ich glaube an die Liebe, auch wenn ich sie nicht fühle.
Ich glaube an Gott, auch wenn er schweigt.[11]

25. VERANTWORTUNG

Ansage

Verantwortung ist eigentlich ein ziemlich hässliches Wort! Das ist zumindest meine Meinung. Vielleicht mag ich es aber auch nur dann nicht, wenn ich es immer wieder in einem ganz bestimmten Tonfall höre. Meistens von meinen Eltern. Oder von Lehrerinnen und Lehrern. Auf jeden Fall von Erwachsenen!

Das ist dann so eine Art Mischung aus Aufforderung und Befehl. Und es klingt immer die Erwartung mit, dass ich es ja sowieso nicht schaffe. Dass ich es sowieso nicht hinbekomme, endlich Verantwortung zu übernehmen.

Verantwortung übernehmen soll ich für so vieles:

Für meine kleinen Geschwister.

Für meine Sachen, die angeblich planlos in meinem Zimmer herumliegen.

Für meine Hausaufgaben.

Für meine Noten.

Für meine Ausbildung.

Für meine Zukunft.

Anscheinend ist Verantwortung immer genau bei den Dingen gefragt, auf die ich einfach keinen Bock habe.

Für manche Dinge fühle ich mich nämlich sehr wohl verantwortlich. Darauf muss mich auch niemand aufmerksam machen.

Mit meinen neuen Sneakers laufe ich nicht durch den Dreck – die sollen schließlich auch in zwei Wochen noch gut aussehen. Mein Handy ist mir heilig. Darauf passe ich auf. Deshalb habe ich es noch nie verloren. Wenn mein Kumpel seine Hausaufgaben nicht gemacht hat, lasse ich ihn abschreiben. Loyalität nennen wir das. Ich fühle mich dafür verantwortlich, dass er keine Probleme deswegen bekommt. Er würde das für mich ja schließlich auch machen. Wenn es meiner Freundin schlecht geht, bin ich natürlich für sie da. Ich höre ihr zu, ich nehme sie in den Arm, ich heule mit ihr. Das ist doch keine Frage!

Glaub mir ruhig, in diesen Dingen kann man sich auf mich voll verlassen. Da muss man auch nicht groß von Verantwortung reden. Das macht man einfach so.

Manche Leute fühlen sich ja gleich für die ganze Welt verantwortlich. Das ist für mich – ehrlich gesagt – ein bisschen zu viel. Vielleicht liegt das ja auch daran, dass ich noch jung bin. Mich interessiert vor allem meine Umgebung, meine eigene Welt. Die Leute um mich herum, meine Freundinnen und Freunde!

Aber natürlich weiß ich schon, dass es auch solche Leute braucht. Menschen, die das große Ganze im Blick haben. Irgendjemand muss ja danach schauen, wo es hingeht mit unserem Land, mit unserer Welt. Entscheidungen müssen getroffen und Verantwortung muss übernommen werden.

Sagt dir der Name Greta Thunberg etwas? Weißt du, warum es Softdrinks wie Capri-Sonne nur noch mit Pappstrohhalm gibt? Warst du vielleicht selbst mal dabei bei einer der „Fridays for Future"-Demos?

Schülerinnen und Schüler aus vielen Ländern haben sich dem Beispiel der schwedischen Schülerin Greta Thunberg angeschlossen und gegen den Klimawandel protestiert. Verantwortung haben sie so gezeigt für ihre Generation und für die ganze Welt.

Es passte ihnen nicht, dass die Politiker – allesamt Erwachsene – angeblich zu wenig gegen den Klimawandel und seine schrecklichen Folgen unternahmen. Als Jugendliche sahen sie sich und die zukünftige Welt ganz besonders bedroht und wollten durch ihre Demonstrationen ein Zeichen setzen. Die Erwachsenen sollten sich nicht darauf ausruhen können, dass die schlimmsten Folgen des Klimawandels voraussichtlich erst eintreten würden, wenn sie gar nicht mehr am Leben sind. Bei allen Entscheidungen sollten sie auch an die kommenden Generationen denken.

Eigentlich sollte man doch annehmen können, dass dies selbstverständlich wäre. Das ist es aber wohl leider nicht!

Dass die „Fridays for Future“-Demos immer freitags zur Schulzeit stattfanden, war natürlich sehr umstritten. Mit Sicherheit nutzten viele Teilnehmerinnen und Teilnehmer die Demos auch als willkommenen Anlass, für ein paar Stunden der ungeliebten Schule zu entgehen. Deswegen waren viele Leute auch dagegen. Vermutlich hatten die Demos aber nur deshalb so viele Teilnehmende – und vermutlich haben sie nur deshalb so viel Aufmerksamkeit bekommen.

Am Verantwortungsgefühl von Greta Thunberg und ihren Freunden ändert es auch nichts, dass viele nur gekommen sind, um Party zu machen oder den Unterricht zu schwänzen. Sie haben sich verantwortlich gefühlt und so mitgeholfen, unsere Welt ein kleines Stückchen besser zu machen. Wer kann das schon von sich behaupten?

Wenn jeder nur nach sich selbst schaut, reicht das nicht. Wenn alle nur dann etwas unternehmen, wenn ihre eigene kleine Welt betroffen ist, dann ist das zu wenig.

Man muss sich auch für andere verantwortlich fühlen, sonst ist man vielleicht am Ende selbst der Dumme.

In unserer heutigen Zeit erntet man vielleicht ein paar schiefe Blicke, einen schwachen Spruch oder Unverständnis, wenn man sich für andere einsetzt. Oft genug wird man aber auch dafür gelobt, bekommt Dank und Anerkennung.

Es gab aber auch bei uns schon Zeiten, wo man sich in große Gefahr begab, wenn man sich verantwortlich für andere zeigte.

Genau das meinte vermutlich auch Martin Niemöller. Niemöller war ein evangelischer Pfarrer, der während der Diktatur von Adolf Hitler gegen die Nationalsozialisten Widerstand leistete. Wie viele andere, die damals etwas gegen die Nationalsozialsten unternahmen, musste er deshalb mit schlimmen Folgen rechnen.

Er sagte über diese Erfahrung später:

Als die Nazis die Kommunisten holten,
habe ich geschwiegen,
ich war ja kein Kommunist.
Als sie die Sozialdemokraten einsperrten,
habe ich geschwiegen,
ich war ja kein Sozialdemokrat.
Als sie die Gewerkschafter holten,
habe ich geschwiegen,
ich war ja kein Gewerkschafter.
Als sie mich holten,
gab es keinen mehr,
der protestieren konnte.[12]

Impulsfragen

1. „Eigentlich wollte ich heute die Welt retten. Aber es regnet." Was hat dieses Zitat aus dem Internet mit dem Thema Verantwortung zu tun? Trifft er im Kleinen vielleicht auch auf uns manchmal zu?
2. Wir leben heute – Gott sei Dank – in einem freien Land. Jeder kann offen seine Meinung sagen. Überlegt doch mal gemeinsam, für wen oder was man sich heute verantwortlich fühlen sollte – gerade als Christ.
3. Vielleicht fällt euch auch ein, wie man diese Verantwortung wahrnehmen könnte; welche konkreten Schritte jede und jeder Einzelne in seinem Leben tun könnte, um der Verantwortung gegenüber seinen Nächsten und der Gesellschaft gerecht zu werden. Nein, ganz einfach ist das nicht. Zumindest nicht immer. Das stimmt! Man darf sich deshalb auch nicht zu viel auf einmal vornehmen. Aber als Christen sind wir aufgerufen zur Verantwortung. Und die sollen wir bitte auch wahrnehmen. Oder es wenigstens versuchen.

Gebete

Lieber Gott!
Ich bleibe dabei:
Das Wort Verantwortung mag ich nicht.
Es klingt einfach nicht schön und ich habe es zu oft schon hören müssen.
Aber was damit gemeint ist, macht schon Sinn
– irgendwie!

Wir brauchen Leute,
die Verantwortung übernehmen.
Verantwortung für sich,
Verantwortung für andere,
Verantwortung für die Welt.
Danke für diese Menschen.
Danke, dass es immer wieder Leute gibt,
die sich nicht vor Verantwortung drücken.

Zeige mir immer wieder,
wo vielleicht auch ich gefragt bin,
wo ich mich verantwortlich fühlen sollte,
wo ich mich verantwortlich fühlen darf!
Amen

Großer Gott!
Wenn jeder nur was Kleines täte,
sich nicht nur um sich selber drehte,
dann säh' sie anders aus, die Welt,
es freute sich dann der,
der uns doch alle hält!
Amen

26. MEINE ZEIT

Ansage

Jedes Jahr vor den Sommerferien ist es das Gleiche. Man wünscht sich „Schöne Ferien“ und hat das beruhigende Gefühl, dass diese langen Ferien nicht so schnell aufhören werden.

Das tun sie ja auch nicht. Am Anfang der sechseinhalb Wochen erscheint diese Zeit wirklich beinahe unendlich lang: Ferienzeit – schöne Zeit – geschenkte Zeit!

Im Laufe der Ferien schwächt es sich aber immer mehr ab, dieses Gefühl, für alles und alle genügend Zeit zu haben. Mit jeder verstreichenden Woche, mit jedem vergehenden Tag, wird die verbleibende Ferienzeit kürzer.

Zu Beginn fällt das weniger auf, doch je mehr sich die langen Ferien dem Ende nähern, umso deutlicher wird es. In der letzten Woche zählt dann wirklich jeder einzelne Tag und am Ende sind sie dann doch meist schneller vorbei als zuvor gedacht, die anfangs beinahe unendlich erschienenen Ferien.

Ist es mit dem Leben an sich nicht genauso? Überlegen wir doch mal gemeinsam: Als junger Mensch genießt man den Luxus, scheinbar unbegrenzt Zeit zu haben. Mit zunehmendem Alter aber wird einem immer mehr bewusst, dass es nicht unendlich ist, unser Leben hier auf dieser Welt. Und dass es eigentlich nichts Kostbareres gibt als die Zeit, die uns zur Verfügung steht. Zeit, die uns geschenkt wird!

Ein bisschen kann man Zeit auch mit einem wertvollen Rohstoff vergleichen. Zum Beispiel mit Erdöl. Um an Erdöl zu gelangen, werden riesige Summen investiert. Es werden Bohrinseln auf dem Meer gebaut, Urwälder gerodet und Straßen gebaut. Beim sogenannten

„Fracking" werden chemische Mittel mit großem Druck in den Boden gepumpt, um das darin enthaltene Erdöl flüssig zu machen, mit großen Risiken für die Umwelt.

Verträge wurden gebrochen, Menschen umgesiedelt oder vertrieben. Um Erdöl wurden und werden Kriege geführt. Das macht deutlich, wie wichtig dieser Rohstoff für uns alle ist.

Erdöl wird dringend gebraucht für Kraftstoff und zur Herstellung vieler verschiedener Dinge. Ein Leben in unserer modernen Gesellschaft ist ohne Erdöl kaum vorstellbar, eben weil Erdöl für so vieles benötigt wird.

Entstanden ist der begehrte Stoff über einen Zeitraum von vielen Millionen Jahren. Es bildet sich also kein neues Erdöl, wir müssen mit dem Vorrat auskommen, der schon auf unserer Erde vorhanden ist.

Da immer wieder neue Erdölvorkommen entdeckt werden, kann niemand ganz genau sagen, wie lange das Öl auf unserer Erde noch reicht. Außerdem kann man natürlich nur schätzen, wie viel Erdöl die Menschheit in Zukunft brauchen wird. Deswegen ist das Erdöl so begehrt.

Mit der Zeit ist es ein bisschen ähnlich wie mit dem Erdöl. Auch wir brauchen Zeit, Lebenszeit. Sogar noch viel dringender als Öl. Denn wenn sie aufgebraucht ist, unsere Lebenszeit, dann ist es vorbei mit unserem Leben. Zumindest mit dem Leben hier auf dieser Erde.

Ganz ähnlich wie beim Öl können wir auch nicht sagen, wie viel von unserer Zeit noch übrig ist. Natürlich gibt es eine durchschnittliche Lebenserwartung. Aber es gibt eben auch Menschen, die viel früher sterben, vielleicht durch Krankheiten oder Unfälle. Und es gibt Menschen, die viel älter werden als der Durchschnitt. Wir können aber nicht voraussagen, zu welcher Gruppe wir gehören.

Es gibt also keine sichere Möglichkeit, unsere restliche Lebenszeit zu berechnen. Wir wissen nur eines: Mit jedem Tag, mit jeder Stunde, jeder Minute und jeder Sekunde nimmt die Zeit ab, die uns noch bleibt.

Es könnte einem fast ein bisschen mulmig werden bei diesen Gedanken, oder?

Wie gut, dass es da den einen gibt, der alles im Griff hat. Den einen, der die Welt gemacht hat und der auch mir das Leben geschenkt hat. Den einen, der die Welt in seiner Hand hält, und auch mich!

Gott schenkt uns nämlich diese Zeit. Von ihm haben wir unser Leben und unsere Zeit. Ein großes Geschenk, das er uns damit macht. Jeden Tag neu!

Außerdem hat er uns auch einen Kopf gegeben. Einen Kopf, der entscheiden kann, wie wir sinnvoll mit den Dingen umgehen, die er uns anvertraut hat. Das gilt für den Umgang mit dem Erdöl und den anderen Ressourcen unserer Welt.

Es gilt aber auch für den Umgang mit unserer Zeit. Mit unserer Zeit in den großen Ferien genauso wie für jeden einzelnen Tag und jede einzelne Minute in unserem ganzen Leben!

Impulsfragen

1. Zeit ist wertvoll! Immer wieder ertappe ich mich, dass ich zu sorglos mit meiner Zeit umgehe; dass ich Zeit ziemlich sinnlos verschwende. Geht es dir auch so?
2. Mit welchen Dingen verschwendest du deine Zeit?
3. Skizziere doch mal eine Tabelle mit 24 Spalten. Fülle die Spalten dann mit den Dingen aus, die du jeden Tag machst – eine Spalte steht für eine Stunde. Beginne nachts um 0.00 Uhr: Schlafen, Essen, Arbeit oder Schule, Essen, … Interessant wird es bei den Spalten, die deine Freizeit darstellen. Was machst du in diesen Stunden, die du zu deiner freien Verfügung hast?
4. Hast du eine feste Zeit pro Tag für Gott eingeplant, zum Bibellesen und Beten? Falls ja, wann hast du dein tägliches Date mit Gott? Falls nein, wie hältst du den Kontakt zu Gott aufrecht?
5. Tauscht euch über eure Erfahrungen aus.

Gebet

Lieber Gott!
Ich danke dir für meine Zeit!
Danke, dass du mir Tage, Wochen, Jahre geschenkt hast!
Danke, dass ich Freizeit habe, Zeit für mich ganz allein.
Danke auch für Zeiten mit meiner Familie,
für Urlaube und Ausflüge,
für gemeinsame Essen und Gespräche.
Danke auch für meine Freundinnen und Freunde
und für die gemeinsame Zeit mit ihnen.

Mach mir aber auch bewusst,
wie kostbar meine Zeit ist;
zeig mir, wo ich meine Zeit verschwende,
vielleicht am Handy, vielleicht vor der Glotze,
vielleicht auch ganz woanders.
Hilf mir, sinnvoll mit meiner Zeit umzugehen,
und begleite du mich,
mein Gott.
Amen

Tipp

Gott ist ewig. Das heißt, er war schon immer da und wird auch immer da sein. Für uns ist das kaum vorstellbar. Gott hat manchmal auch einen anderen Begriff von Zeit – scherzhaft kommt das in diesem Witz zum Ausdruck:

Eines Tages fragt ein Mann den lieben Gott;
„Gott, was ist für dich ein Jahrhundert?“
„Nur eine Sekunde“, antwortet der liebe Gott.
„Und was ist für dich eine Million?“

„Nur ein Cent."
„Würdest du mir dann vielleicht einen Cent geben?",
fragt der Mann.
„Aber klar", sagt der liebe Gott schmunzelnd.
„Sekunde bitte."

27. WISSENSCHAFT UND RELIGION

Ansage I

Klar, dass es die Religion früher leichter hatte. Zumindest auf den ersten Blick. Es gab so viele unerklärliche Dinge auf der Welt; die Menschheit wusste kaum etwas über die Zusammenhänge in der Natur und Gott war eine willkommene Erklärung für vieles.

Er war verantwortlich für die Erschaffung der Erde und für das Wetter. Sein Zorn sprach aus dem Gewitter und sein Segen aus einer guten Ernte. Er brachte Hungersnöte über die Menschheit und sorgte dann für Abhilfe – oder eben auch nicht. Krankheiten gingen auf seine Kappe – und auch deren Heilung.

Beliebig verlängern könnte man diese Liste mit Dingen, welche die Menschen früher Gott zugeschrieben haben – und für die man heute oft logische Erklärungen aus der Wissenschaft hat.

Heißt das jetzt aber, dass wir keinen Gott mehr brauchen? Nicht zur Erklärung der Welt? Nicht für uns persönlich? Wem soll man denn jetzt glauben, der Wissenschaft oder der Bibel? Ganz schön kompliziert ist das alles.

Viele Menschen und auch manche Wissenschaftlerinnen und Wissenschaftler meinen, sie könnten Gott abschaffen oder hätten das schon getan. Sie glauben, die Entstehung der Welt, des Lebens und der Naturgesetze erklären zu können. Sie erforschen die Ursache von Krankheiten, das Klima und machen Aussagen darüber, wie lange unsere Sonne noch scheint.

Dafür brauchen sie dann keinen Gott mehr.

Ein paar Fragen bleiben allerdings bestehen:

- Wer hat denn die Naturgesetze erschaffen?
- Woran liegt es, dass überhaupt Leben entstehen kann, dass Zellen miteinander reagieren und wachsen?
- Wer hat sich ausgedacht, wie unsere Welt funktioniert?
- Was ist der Sinn des Lebens?

So wie es aussieht, bleiben noch genügend Fragen übrig, auf die wir Menschen ohne Gott keine Antwort finden. Zumindest können uns die Naturwissenschaften keine befriedigenden Antworten darauf geben.

Und, falls es erlaubt ist, könnte man sich ja auch noch ein paar persönlichere Fragen erlauben.

- Worauf hofft der kritische Wissenschaftler, wenn er die Diagnose „Krebs im Endstadium" erhält? – Auf den Zufall oder doch auf ein Eingreifen Gottes?
- Wie erklärt er sich, dass sein Vater einen schweren Verkehrsunfall wider Erwarten doch unbeschadet überstanden hat? – Durch pures Glück oder hatte doch ein Schutzengel seine Hand im Spiel?
- Wie begrüßt er sein neugeborenes Kind? – Als rationales Ergebnis einer neun Monate zurückliegenden Handlung oder doch als Wunder?

Glaube und Wissenschaft müssen sich nicht widersprechen. Zumindest nicht immer. So mancher Wissenschaftler hat erkannt, dass die Wissenschaft eben nicht alles weiß, dass auch in modernen Zeiten noch genügend Platz und Raum bleibt für Gott und sein Wirken in dieser Welt.

Impulsfragen

1. Hat die Wissenschaft eigentlich immer recht?
2. Wie lange haben wissenschaftliche Erkenntnisse Bestand? Wie lange werden sie für richtig gehalten?
3. Googelt doch mal, welche wissenschaftlichen Erkenntnisse heute als vollkommen überholt gelten. *(Ganz schön viele! Oder nicht?)*
4. Denkst du, die aktuellen Ergebnisse wissenschaftlicher Forschungen sind auch in 20 Jahren noch gültig? Oder in 50 Jahren? In 100 Jahren?
5. „Wissenschaftliche Erkenntnisse sind nicht mehr als der aktuelle Irrtum!" Was haltet ihr vor dem Hintergrund der letzten Fragen von diesem Satz?

Gebet

Lieber Gott!
In Bio hören wir von der Evolutionstheorie,
die Physik berichtet uns vom Urknall,
von schwarzen Löchern und vom Zufall.

Wenn wir uns die ganze Welt erklären können,
dann bleibt ja gar kein Platz mehr für dich, Gott!
Oder?

Ich will aber nicht aus purem Zufall entstanden sein,
mir gefällt der Glaube daran, dass es jemanden gibt,
der mein Leben in der Hand hält,
dem ich nicht egal bin.

Ich will nicht das Produkt irgendeiner Theorie sein,
dann wäre mein Leben sinnlos,
ohne Plan und ohne Ziel.

Danke, dass du mir immer wieder zeigst,
dass es mehr gibt, als wir sehen können.
Danke für das Gefühl,
dass du da bist,
auch wenn ich es nicht immer spüren kann.

Auch wenn ich es nicht immer schaffe,
möchte ich nicht aufhören,
darauf zu vertrauen,
dass es dich gibt,
mein Gott!
Amen

Ansage II

Wissenschaft und Religion scheinen sich ziemlich oft zu widersprechen. Dass dies aber nicht so sein muss, darauf deutet die Tatsache hin, dass es auch viele gläubige Wissenschaftler gibt. Das zeigt die kleine Geschichte aus Frankreich:

Ein junger Student sitzt im Zug, vertieft in seine wissenschaftliche Fachliteratur. Neben ihm liest ein älterer Herr in der Bibel. Der Student hält es nicht lange aus und fragt seinen Nebensitzer, ob er denn wirklich noch an dieses alte Fabelbuch glaube.

„Ja natürlich", antwortet der ältere Herr, „aber es ist kein Fabelbuch, sondern das Wort Gottes!"

Eifrig beginnt der junge Student zu erklären, dass nur noch Menschen ohne Kultur an einen Gott glauben könnten, der die Welt in sechs Tagen erschaffen habe. Die Wissenschaft habe dieses Schöpfungsmärchen schon lange widerlegt.

„Was sagen denn die heutigen Wissenschaftler dazu?", erkundigt sich der ältere Herr.

Er müsse jetzt gleich aussteigen, entgegnet der Student, aber wenn der Herr ihm seine Adresse geben könnte, dann würde er ihm sehr gerne wissenschaftliche Literatur zu diesem Thema senden.

Der ältere Herr reicht dem Studenten seine Visitenkarte. Dieser wirft einen Blick darauf. Dann verlässt er mit gesenktem Kopf das Abteil.

Auf der Karte stand:

Prof. Dr. Louis Pasteur
Generaldirektor des naturwissenschaftlichen Forschungsinstitutes
Nationale Universität Frankreich[13]

28. VATERUNSER

Ansage

Wer sind eigentlich deine „Bros"? Wen nennt man denn so? Alle etwa?

Sicher nicht. „Bros" sind doch die besonders engen Kumpels, die besten Freunde. Typen, auf die man sich auch dann verlassen kann, wenn die Kacke so richtig am Dampfen ist. Menschen, die einen nie im Stich lassen würden – oder von denen man das zumindest denkt.

„Bros" sind wie meine Familie. Da kommt der Ausdruck schließlich auch her – „Bro" ist ja nichts anderes als die Kurzform vom englischen *Brother*, also Bruder. Aber das weißt du sicher schon.

Bei den „Sis'" ist es ganz genau das Gleiche.

Was macht denn einen Bruder zum Bruder? Was macht eine Schwester zu einer Schwester? Ich meine jetzt den echten Bruder oder die echte Schwester.

Genau: die gleichen Eltern! Nur Brüder oder Schwestern haben die gleichen Eltern. Sie sind blutsverwandt.

Ein altes Sprichwort heißt: Blut ist dicker als Wasser! Damit ist gemeint, dass man im Zweifelsfall immer zu seiner Familie hält. Freunde kommen und Freunde gehen. Die Familie bleibt!

Deswegen nennt man ja auch nur die besten Freundinnen und Freunde „Bros" und „Sis'". Man will damit deutlich machen, dass sie so wichtig sind wie die echte Familie!

Alle Freundschaften können aufhören – irgendwann! Ehemalige Kumpels werden manchmal sogar Gegner – sie müssen sich zum Beispiel nur in das gleiche Mädchen verlieben. Auch mit den besten

Freundinnen kann man sich zoffen; manchmal sogar dauerhaft verkrachen. Kennen wir das nicht alle? Leider!

Ja, Freundeskreise können sich verändern. Die Familie bleibt. Selbst wenn sich die Eltern trennen: Das Kind seiner Mutter und seines Vaters bleibt man für immer. Daran kann man nichts ändern.

Auch Bruder oder Schwester bleibt man für seine Geschwister das ganze Leben lang, ob man will oder nicht. Die Familie bleibt, auch dann, wenn man vielleicht wenig mit seinen Eltern oder Geschwistern zu tun hat oder sich kaum noch kennt.

Mehr als zwei Milliarden Christen gibt es auf der Welt – das ist eine Zwei mit neun Nullen! Das Christentum ist damit nicht nur die größte Glaubensgemeinschaft, sondern noch dazu eine ziemlich bunte: Es gibt nämlich ganz schön viele christliche Kirchen und Gemeinschaften.

Manche haben ganz unterschiedliche Vorstellungen und Bräuche; es gibt total verschiedene Traditionen und Regeln unter Christen. Die Kirchen, Gotteshäuser und Versammlungsorte können ganz verschieden sein.

Aber eins haben sie alle gemeinsam: den Glauben an Jesus Christus als den Sohn Gottes. Deshalb beten auch alle christlichen Gemeinschaften das Gebet, das Jesus den Menschen beigebracht hat – das Vaterunser.

Damit gehören diese Worte zu den bekanntesten Texten auf der ganzen Welt. Und das hat es ganz schön in sich, dieses Grundgebet aller Christen.

So macht es zum Beispiel schon in den ersten beiden Wörtern Entscheidendes klar:

VATER UNSER: Wir sollen – oder besser gesagt – wir dürfen Gott als Vater ansprechen. Er will kein „Herr Gott“ sein oder eine abgehobene Majestät; nein, er will, dass wir ihn Vater nennen – weil er uns als seine geliebten Kinder ansieht. Egal, was wir falsch machen oder wie oft wir vor Gott weglaufen, seine Kinder bleiben wir trotzdem. Genauso, wie wir auch Kinder unserer leiblichen Eltern bleiben, egal, was passiert. Gott ist unser Vater, der uns liebt und dem viel daran gelegen ist, dass es uns gut geht.

Außerdem macht uns das Vaterunser auch klar, dass jeder und jede von uns mehr als 2 000 000 000 „Bros" und „Sis'" hat. Eben weil auch alle anderen Christen den gleichen Vater im Gebet anrufen, sind sie alle unsere Brüder und Schwestern.

God's great family! Und du kannst ein Teil davon sein!

Das Vaterunser bietet uns also schon in den ersten beiden Worten zwei krasse Perspektiven an: Einmal die nach oben, zu Gott, unserem Vater. Und zum Zweiten die nach rechts und links, nach vorne und nach hinten. So nimmt uns dieses tolle Gebet mit hinein in eine riesige Gemeinschaft aus Brüdern und Schwestern im Glauben.

Was für eine coole Vorstellung. Und das Beste daran: Diese Vorstellung ist echt! Aus diesem Grund ist es auch besonders eindrücklich, wenn man das Vaterunser gemeinsam laut betet, so wie im Gottesdienst.

Genau das wollen wir jetzt machen:

Gebet

Vater unser im Himmel,
geheiligt werde dein Name.
Dein Reich komme.
Dein Wille geschehe, wie im Himmel so auf Erden.
Unser tägliches Brot gib uns heute.
Und vergib uns unsere Schuld, wie auch wir vergeben unseren Schuldigern.
Und führe uns nicht in Versuchung, sondern erlöse uns von dem Bösen.
Denn dein ist das Reich und die Kraft und die Herrlichkeit in Ewigkeit.
Amen

Impulsfragen

1. Mit den Worten des Vaterunsers reden viele Menschen zu Gott. Was ist der Vorteil von solch einem festen Gebet? Warum hat Jesus uns wohl das Vaterunser gegeben – wir können ihm doch auch in eigenen Worten alles sagen?
2. Hast du dir schon mal überlegt, wie Gott auf dein persönliches Vaterunser antworten würde?
3. Schreib doch das Vaterunser auf ein Blatt – und lass zwischen jeder Zeile drei Zeilen frei. Such dir dann ein ruhiges Plätzchen und schreibe auf die freien Zeilen, was Gott dir wohl ganz persönlich antworten würde, was er dir sagen möchte.

Tipp

Im Internet findest du verschiedene Version des Vaterunsers, in denen Gott auch geantwortet hat.[14] Am besten wirkt es, wenn ihr es ausdruckt und mit verteilten Rollen lest – jemand liest die Worte des Betenden, jemanden anderes die (erfundenen) Antworten Gottes. Viel Spaß!

29. OSTERN

Ansage

Ostern? Was ist das eigentlich? Oder was gehört dazu? Was fällt wohl den meisten Menschen ein, wenn man ihnen diese Fragen stellt?

Der Osterhase gehört bestimmt zu den bekanntesten Dingen. Auch Ferien, Frühling und Geschenke werden vermutlich bald genannt, zumindest von Kindern. Nicht zu vergessen sind die bunten Eier, die man sich zu Ostern gerne schenkt. Klar sind diese Dinge bekannt. Sie stehen ja auch bald nach Weihnachten schon in den Supermärkten rum, man kann sie also kaum übersehen.

Eigentlich ist es doch interessant, dass diese Traditionen so bekannt wurden, so bekannt, dass sie den eigentlichen Grund der Party ganz in den Hintergrund gedrängt haben. Es weiß zwar heute kaum jemand, warum Hasen und Eier zu Ostern gehören – aber ohne diese Symbole ist Ostern kaum vorstellbar.

Fragt man die Leute nach dem tatsächlichen Grund für das Osterfest, erntet man fragende Blicke und bekommt Antworten, die sinngemäß von einer Party zum Frühlingsbeginn bis zur Feier der Geburt Jesu reichen.

Der eigentliche Grund für Ostern ist vielen Menschen heute weder bekannt noch wichtig – auch wenn sie die damit verbundenen schönen Dinge wie Ferien und Geschenke-Verstecken für Kinder bestimmt nicht abschaffen wollen. Zu angenehm sind die damit vielleicht verbundenen Erinnerungen – und zu lieb geworden die dazugehörigen Traditionen. Natürlich gehören dazu auch die Osterhasen und die bunten Eier – die echten und die aus Schokolade.

Die Frage, was eigentlich zuerst da war, das Ei oder die Henne, ist alt. Beantworten kann man sie wohl nicht. War nämlich angeblich zuerst das Ei da, stellt sich die berechtigte Frage, wo es denn herkam. War aber zuerst die Henne da, kann man schwer erklären, woraus sie denn bitte geschlüpft sein soll.

Die Frage nach dem Ur-Ei von Ostern, nach dem wahren Grund für das Osterfest, ist dagegen einfach aufzulösen. Es ist die Auferstehung von Jesus Christus! Der Sieg des Lebens über den Tod! Die unglaubliche Tat Gottes, der seinen eigenen Sohn in den Tod schickte und ihn später wieder auferweckte, damit wir alle die Chance auf ewiges Leben haben – wie es in der bekannten Bibelstelle Johannes 3,16 so schön heißt.

Würde Ostern nur aus Karfreitag bestehen, wäre das sicher kein Grund zum Feiern. Hätte die ganze Geschichte mit Jesus tatsächlich mit seinem jämmerlichen Tod am Kreuz geendet, wäre mit Sicherheit nicht die größte Glaubensgemeinschaft der Welt daraus entstanden.

Vielleicht würde in dem einen oder anderen Geschichtsbuch noch eine Zeile über einen gewissen Jesus aus Nazareth stehen. Vielleicht aber auch nicht!

Vielleicht hätte sich die Erinnerung an die eine oder die andere seiner Taten bis heute in manchen Kulturen erhalten. Vielleicht aber auch nicht! Vielleicht wäre die eine oder die andere seiner tollen Geschichten weitererzählt worden bis heute. Vielleicht aber auch nicht!

Höchstwahrscheinlich wäre er längst im Dunkel der Geschichte verschwunden, dieser Jesus aus Nazareth. Wenn – ja, wenn er nicht wieder von den Toten zurückgekommen wäre.

Erst der Ostersonntag mit seiner wundersamen Geschichte von der Auferstehung macht aus Ostern eine Party. Erst dieser endgültige Sieg des Lebens über den Tod sorgte dafür, dass aus dem verängstigten und eingeschüchterten Häuflein der Jünger Jesu eine solch krasse Bewegung entstand. Eine Bewegung, die innerhalb kurzer Zeit mega-viele Anhänger fand, obwohl diese immer wieder auf grausamste Weise verfolgt wurden. Eine Bewegung, der heute immerhin mehr als zwei Milliarden Menschen angehören – auch wenn natürlich manche nur dem Namen nach Christen sind.

Und ich? Ob ich daran glaube, willst du wissen? Ehrlich gesagt bin ich mir nicht immer ganz sicher. Es kann ja eigentlich nicht sein, dass ein Toter wieder lebendig wird. Das geht einfach nicht und ich kann es mir auch nicht vorstellen!

Aber irgendetwas muss ja schon dran sein an der ganzen Geschichte. Sonst würde doch heute keiner mehr von diesem Jesus reden. Sonst hätten wir doch nicht 2000 Jahre später deswegen Ferien!

Meine Religionslehrerin ist ziemlich schlau. Ich vertraue ihr und ich weiß auch, dass sie nicht lügt. Sie glaubt auch an Ostern – also nicht an den Osterhasen, aber an die Auferstehung von Jesus Christus! Meine Eltern auch! Manche meiner Freundinnen und Freunde tun das auch!

Und ich?

Impulsfragen

1. Glaubst du nur das, was du sehen kannst? Nimmst du nur ernst, was du hören oder riechen kannst; was sich ertasten oder schmecken lässt? Oder anders gefragt: Denkst du, nur die Dinge gibt es wirklich, die du mit deinen Sinnen wahrnehmen kannst?
2. Falls du eben mit Ja geantwortet hast, dann überleg doch mal, wie es mit der Liebe ist. Mit Freundschaft, mit Stolz, mit Angst … eigentlich mit allen Gefühlen. *(Antwortmöglichkeit: Gefühle kann man doch alle nicht sehen, oder? Was wir wahrnehmen können, sind doch nur die Auswirkungen davon, nicht die Gefühle, oder? Wie ist es mit Luft? Oder mit Radioaktivität? Mit WLAN? Du merkst: Es*

gibt mehr Dinge, als man denkt, die wir eben nicht wahrnehmen können – die es aber doch ganz sicher gibt.)

3. Was macht denn ein Richter, wenn er keine Beweise für die Wahrheit hat? *(Antwort: Er befragt Zeugen.)*
4. Vielleicht recherchierst du mal in der Bibel, wie viele Zeugen es für die Auferstehung von Jesus gibt – du wirst dich wundern … *(Antwortmöglichkeit / mögliche Bibelstellen: Matthäus 28, Markus 16, Lukas 24, Johannes 20, 1. Korinther 15, …)*

Gebet

Gott!
Blut, Schweiß, Tränen!
Die Dornenkrone, lange Nägel und das raue Holz der Balken.
Das Kreuz, an das sie deinen Sohn genagelt haben.
Das Kreuz, an dem er gelitten hat.
Das Kreuz, an dem er gestorben ist.
Das Kreuz, das heute als Zeichen
des Sieges über den Tod verstanden wird.
Es fällt mir schwer,
diese Geschichte zu glauben,
es fällt mir aber auch schwer,
sie nicht zu glauben.

Vielleicht ist meine Einstellung ganz ähnlich
wie bei einem Mann aus der Bibel.
Der hat nämlich gesagt:
„Ich glaube, Herr,
hilf meinem Unglauben."
Amen

Tipp

Eine krasse Geschichte zum Thema Ostern findest du auch hier: http://www.pro-leben.de/symb/dasblut.php[15]
(Übrigens: Diese Geschichte gab es schon lange vor der Corona-Pandemie …)

30. WÜRDE GOTT MERCEDES FAHREN? (PFINGSTEN)

Ansage

Ich mag sie, die Pfingstferien. Sie kommen mir immer ein bisschen vor wie kleine Sommerferien. Meistens ist das Wetter gut und man kann mit Freunden rausgehen.

Was der Grund für die Pfingstferien ist? Keine Ahnung! Der Heilige Geist? Ach ja, stimmt. Davon habe ich schon mal gehört. Der Heilige Geist ist damals auf die Erde gekommen. Er hat den Jüngern von Jesus neue Kraft gegeben. Heute soll er ja auch noch hier sein, dieser Heilige Geist, der Geist von Gott. Wie damals den Jüngern soll er auch uns heute helfen. Krasse Vorstellung, irgendwie …

Soweit das kurze Gespräch über die Pfingstferien. Jetzt aber mal ganz im Ernst: Wo wohnt Gott eigentlich? Wohnt Gott überhaupt irgendwo – oder hat er gar kein Zuhause?

Gute Frage, oder? Im Englischen gibt es für das deutsche Wort Himmel zwei mögliche Übersetzungen. *Sky* und *Heaven.*

Aber was ist der Unterschied zwischen den beiden? Genau, *Sky* ist der Himmel über uns, derjenige mit Wolken und Sonne.

Mit *Heaven* ist der biblische Himmel gemeint, das Paradies. Dort, wo in der Vorstellung vieler Menschen Gott wohnt.

Für diesen Himmel, das Reich Gottes, gibt es keine genaue Ortsangabe. Man stellt sich diesen Himmel eher als eine Art Parallelwelt vor. Eine Welt, zu der wir aber keinen Zugang haben. Eine Welt, in die man vielleicht erst kommt, wenn man gestorben ist.

Dieser Gott, der dort im *Heaven* sein Zuhause hat, ist uns manchmal schon ein bisschen fremd. Auch in unserer Vorstellung ist er einerseits zwar immer nah bei uns, andererseits aber auch ganz schön weit weg. Ein Gott des Himmels und der Erde eben.

Gott ist dann aber in seinem Sohn Jesus auf die Welt gekommen. Er ist den Menschen damals als wirklicher Mensch begegnet.

Gott hat seinen Himmel verlassen, er hat sich klein gemacht, um mit seinen Menschen auf einer Stufe zu stehen. Jesus war also irgendwie gleichzeitig Gott und Mensch. Diesen Gott in der Gestalt von Jesus, den kann man sich wesentlich besser vorstellen als denjenigen, der irgendwo im *Heaven* sitzt.

Jesus wurde dann aber gekreuzigt und begraben. Er ist danach auferstanden und in den Himmel aufgefahren. Also ist er jetzt auch dort, im Paradies, im *Heaven*. Ebenfalls ziemlich weit weg von uns. Er hat aber etwas versprochen, bevor er gegangen ist. Nämlich, dass er die Menschen nie mehr alleinlässt. Das hat er öfter gesagt, zum Beispiel auch im Missionsbefehl in Matthäus 28. Er hat versprochen, dass er uns einen Stellvertreter schickt, wenn er selbst nicht mehr da ist. Jemanden, der immer bei uns Menschen bleibt, auch wenn Jesus nicht mehr hier auf dieser Welt ist. Das ist der Heilige Geist. Dieser Heilige Geist ist sozusagen Jesus und Gott selbst, nur in einer anderen Form.

Ein Gott, aber drei verschiedene Typen: Gott, Jesus und der Heilige Geist! Eine ziemlich schwierige Vorstellung, oder nicht?

Vielleicht hilft ein kleines Beispiel: Wenn Gott Auto fahren würde – welche Marke würde er sich wohl auswählen? Vermutlich irgendwas total Unspektakuläres, genau! Schließlich ist Jesus damals auch auf einem Esel nach Jerusalem geritten und nicht auf einem prächtigen Pferd!

Irgendeine Rostlaube oder eine langweilige Rentnerkutsche würde da gut passen – ein Esel ist ja auch nicht gerade ein Feuerstuhl.

Vielleicht wäre es aber auch ganz anders. Vielleicht würde Gott sich tatsächlich einen Mercedes-Benz aussuchen. Vielleicht nicht unbedingt das Topmodell, aber einen echten Daimler mit funkelndem Stern auf der Motorhaube.

Wie ich darauf komme? Ganz einfach: Nein, nicht wegen der schwäbischen Qualitätsarbeit. Ganz sicher auch nicht, weil viele Staatschefs und Minister diese Marke wählen. Es gibt da einen anderen Grund, einen ganz anderen:

Mercedes Benz hat als Markenzeichen bekanntlich einen Stern. Den Mercedesstern. Dieser Stern hat drei Zacken. Die drei Zacken stehen für Land, Wasser und Luft, weil die Firma Motoren für Fahrzeuge, Schiffe und Flugzeuge bauen wollte.

Der Stern mit den drei Zacken passt doch ganz gut zu unserem Gott: ein Gott in drei verschiedenen Ausführungen.

Die Bedeutung der drei Zacken könnten wir für unseren Zweck sogar beibehalten – Gott ist ja schließlich auch an Land, im Wasser und in der Luft zu Hause.

Mehr noch: Gott wohnt im Himmel, das passt gut zur Luft. Jesus war auf der Erde, also an Land. Der Heilige Geist ist der Ursprung allen Lebens – wie das Wasser. So gesehen taugt er vielleicht doch gar nicht so schlecht als Symbol für Gott – der Mercedesstern!

Da ja genügend Mercedes-Benz-Fahrzeuge auf unseren Straßen herumkurven, sollten wir uns dieses Symbol doch auch recht einfach merken können – schließlich werden wir beinahe an jeder Ampel, in jeder Tiefgarage und auf jeder Autobahnfahrt daran erinnert: ein Stern mit drei Zacken – ein Gott in drei „Ausführungen", der quasi überall zu Hause ist.

Impulsfragen:

1. Jetzt aber noch mal im Ernst: Wenn Gott sich heute tatsächlich ein Auto oder ein Fahrzeug auswählen würde – welches wäre das wohl? Vermutlich doch kein Mercedes-Benz. Aber was dann?
2. Beobachte dich selbst einmal beim Beten: An wen richtest du dein Gebet – Gott, Jesus oder den Heiligen Geist?
3. Hast du Lust, ein bisschen kreativ zu sein? Mal dir einen Mercedesstern auf. Dann beschrifte die drei Zacken mit Wasser, Land und Luft – die Reihenfolge ist egal.
4. In die drei freien Felder zwischen den Zacken kannst du noch Vater, Sohn und Heiliger Geist schreiben – und schon hast du das perfekte Symbol für die Dreieinigkeit Gottes. Ein Gott, der an Land, im Wasser und in der Luft ist – und den es in drei verschiedenen Gestalten gibt!

Gebet

Lieber Gott!
Ich habe mich so an den Gedanken gewöhnt,
dass du immer da bist.
Es ist gar nichts Besonderes mehr,
dass ich immer und überall mit dir reden kann.

Wenn ich mir überlege,
dass du gleichzeitig auch für alle anderen Menschen da bist,
egal, wo und wann sie dich brauchen,
dann kann ich mir das kaum vorstellen.

Danke, dass du das hinbekommst,
durch deinen Heiligen Geist!
Danke, dass du für mich da bist,
überall und immer!

Ich bitte dich,
lass mich erleben,
dass du da bist,
hier und jetzt!
Amen

31. WEIHNACHTEN

Ansage

Weihnachten – ist das nicht ein schönes Fest? Das Fest der Liebe! Überall Lichter und Kerzen. Zusammensein mit der Familie. Weihnachtsmärkte, Ferien und Geschenke. Glühweinduft und Lebkuchen; Weihnachts-Deko in den Fenstern und Kerzen auf dem Tisch. Stimmungsvolle Musik und Vorfreude – besonders bei Kindern, ein bisschen aber auch bei Erwachsenen. Selbst die meisten Jugendlichen können sich ihm nicht ganz entziehen, dem Zauber des Weihnachtsfestes!

Weihnachten ist aber gleichzeitig ein furchtbar trauriges Fest. Ein Fest der Einsamkeit und der Tränen. Anlass für Familientragödien und Streit. Für Tränen, Leid und Gewalt.

Polizei und das Personal in Krankenhäusern können ein Lied davon singen, dass gerade in der Heiligen Nacht viele Einsätze zu verzeichnen sind. Wie traurig.

Woran liegt das nur?

Vielleicht liegt es ja mit daran, dass der eigentliche Grund für das große Fest weitgehend in Vergessenheit geraten ist. Kaum noch jemand ist berührt von der eigentlichen Weihnachtsbotschaft. Zu viel Hektik, zu viel Stress und kein wirkliches Interesse daran.

Weihnachten hat heute viele verschiedene Seiten: Für den Einzelhandel geht es zum Beispiel ums Geschäft. Die Zeit vor dem Fest gehört zu den umsatzstärksten im ganzen Jahr. Erwachsene und Kinder freuen sich auf Urlaub und Ferien; auf ruhige, besinnliche Tage; auf ein Fest im Kreis der Familie und oft auch eine fette Party zu Silvester.

Ja, Weihnachten ist heute vor allem ein großes Familienfest. Ein willkommener Anlass, sich unterm Weihnachtsbaum zu treffen. Sich gegenseitig zu beschenken. Sich an der Gemeinschaft untereinander und an gutem Essen zu erfreuen.

Das ist ja schön und gut. Aber was passiert mit den Menschen, die allein sind? Was machen die Leute, die keine Familie haben, vielleicht noch nie eine wirkliche hatten? Was ist mit denjenigen, die von niemandem beschenkt werden? Die vergeblich auf eine Einladung zum Essen warten – vielleicht schon jahrelang?

Wie geht es denen, die jedes Jahr aufs Neue Angst haben vor den Feiertagen? Angst, weil Einsamkeit und Trauer gerade an diesen Tagen besonders weh tun? Und dies ausgerechnet am Fest der Liebe!

Ja, leider ist er weitgehend in den Hintergrund gerückt, der Grund für das große Fest. Die schöne Nachricht, dass Gott seinen Sohn in unsere Welt geschickt hat – eben und gerade zu den Einsamen, Traurigen und Benachteiligten. Gerade sie sollen besonders vom Evangelium – von der frohen Botschaft – berührt und getröstet werden.

Gott selbst wird Mensch. Er kommt uns ganz nahe und wünscht sich nichts mehr, als uns aufzunehmen in seine riesige Familie. Was für ein schöner Gedanke! Was für ein tröstliches Geschenk! Ein Gedanke, der leider viel zu selten nach-gedacht wird. Ein Geschenk, das leider viel zu oft nicht angenommen wird.

Jedes Geschenk, das unterm Weihnachtsbaum liegen bleibt, unberührt und fest verpackt, hat seinen Zweck verfehlt. Ein solches Geschenk löst keine Freude aus. Ein solches Geschenk tröstet niemanden. Für so ein Paket ist auch niemand dankbar. Schade eigentlich.

So ist es auch mit dem Geschenk, das Gott uns allen an Weihnachten gemacht hat: Es wäre nämlich mehr drin, in Gottes Geschenk für uns – mehr als genug für alle! Wenn wir es denn auspacken würden, das fette Paket!

Vielleicht lassen wir uns dieses Jahr anstecken von der himmlischen Weihnachtsfreude! Vielleicht versuchen wir sogar, diese weiterzugeben – an unsere Familien, an unsere Freundinnen und Freunde und vielleicht auch an jemanden, der es vielleicht besonders nötig hat.

Das lohnt sich! Denn: Freude vermehrt sich, wenn man sie teilt!

Impulsfragen

1. Notiere dir den Namen von mindestens einer Person, an welche du die himmlische Weihnachtsfreude weitergeben möchtest.
2. Vielleicht hast du auch gleich eine kreative Idee, wie du das anstellen willst. Gerne könnt ihr eure Ideen austauschen und als Anregungen nutzen.

Gebete

Guter Gott!
Nicht immer ist es leicht, dich und dein Wirken in unserer Welt wahrzunehmen. Klassenarbeiten und Stress, Hektik und Sorgen rauben uns leider oft Zeit und Nerven. Und die Gedanken an dich gehen dann ganz einfach unter in unserem Alltag.
Gerade in der Advents- und Weihnachtszeit scheint es manchmal besonders schlimm zu sein – und das, obwohl wir doch die Geburt deines Sohnes feiern wollen.

Guter Gott!
Gib uns nicht auf! Hör nicht auf, uns nachzulaufen und uns aufmerksam zu machen auf dich. Sende auch weiterhin deine Boten, die uns deine Liebe und deine Freude an uns bezeugen.

Lass du es hell und warm werden in unseren Herzen, in unseren Häusern und Familien – in unserer Schule und in unserer Gemeinde.
Amen

Lieber Gott,
wir stehen am Beginn von Ferien und vor dem Weihnachtsfest.
Schenke uns gute Erholung und eine schöne Zeit.
Mach uns aber auch bewusst, warum wir Weihnachten feiern.
Dein Sohn Jesus ist geboren und das ist für alle Menschen ein Grund zur Freude.

Sei jetzt aber auch besonders den Menschen nahe, denen es nicht gut geht.
Viele fürchten sich vor Weihnachten, weil sie dann allein sein müssen.
Auch in diesem Jahr sind wieder Familien auseinandergebrochen.
Auch dieses Jahr sind wieder Unfälle passiert und Menschen gestorben.

Tröste alle Einsamen, Kranken und Traurigen.
Schenke auch ihnen ein schönes Weihnachtsfest.
Und lass uns nicht vergessen,
wo auch wir anderen freundlich begegnen können.
Amen

32. SILVESTER/ NEUJAHR

Moderationshinweis

Altes, vollgeschriebenes Schulheft mitbringen

Ansage

Erinnerst du dich noch daran, als du in der fünften und sechsten Klasse warst?

Ich weiß noch, wie es damals bei mir war; natürlich nicht mehr alles, aber manches ist mir echt gut im Gedächtnis geblieben. Zum Beispiel die Sache mit einem neuen Heft: Immer wenn ich damals ein neues Heft angefangen habe, war das etwas ganz Besonderes. Es wirkte so frisch und unverbraucht. Beinahe zu schade zum Reinschreiben. Ein bisschen von diesem Gefühl hat sich sogar bis in die höheren Klassen gehalten.

Kein Wunder, schließlich war er auch ziemlich groß, der Unterschied zwischen einem funkelnagelneuen Heft und meinen etwas verratzten Schreibereien auf den letzten Seiten des alten.

Der Umschlag war noch schön, die Seiten hatten keine Eselsohren und es gab auch noch keine Tintenflecken. Ich hatte noch nichts durchstreichen müssen und auch kein Lehrer hatte hässliche Korrekturzeichen hinterlassen.

Vor allem auf den ersten Seiten des neuen Heftes habe ich mir dann immer besondere Mühe gegeben. Die Überschrift wurde unterstrichen, ausnahmsweise sogar mit Lineal. Ich versuchte mich in Schönschrift und ich hoffte, dass ich keinen Tintenkiller brauchen würde.

Bestimmt könnt ihr euch denken, wie es weiterging – so gut wie jedes Mal! Sie hielten selten länger an als eine halbe Seite, meine guten Vorsätze. Schon nach wenigen Zeilen ging es wieder los mit der Schlamperei. Und schon bald sah das Heft wieder aus wie seine Vorgänger, mit Tintenflecken und Eselsohren. Keine Spur mehr von Schönschrift und Lineal.

Am Anfang eines neuen Jahres fühlen sich viele Menschen ganz ähnlich wie ich damals als schüchterner Fünftklässler mit meinem neuen Heft. Sie schauen zurück auf die „alten" Jahre und entdecken neben viel Schönem bestimmt auch zahlreiche Sachen, die ihnen nicht gefallen. Sie sehen zwar vielleicht keine Rechtschreibfehler oder Eselsohren, wie ich bei meinen alten Heften. Aber dafür vielleicht schlechte Angewohnheiten, dumme Verhaltensweisen oder verschwendete Zeit. Sie entdecken möglicherweise unnötige Streitereien, Ungeduld oder Dinge, die sie kurz später schon bereut, aber nie bereinigt haben.

Natürlich nehmen sie sich dann vor, all diese Dinge im neuen Jahr besser zu machen. Gute Vorsätze werden gefasst und Pläne geschmiedet. Auf keinen Fall sollen sich die schlechten Dinge aus den vergangenen Jahren wiederholen. Auf keinen Fall wollen wir die alten Fehler wieder machen – auch wir nehmen uns doch immer wieder vor, uns zu ändern. Auch wir wollen Dinge besser machen, Unnötiges lassen und bewusster leben.

Zumindest dann, wenn wir darüber nachdenken. So wie vielleicht am Ende eines Jahres. Oder nicht?

Aber auch hier ist die Fortsetzung schon klar: Es geht nämlich genau gleich weiter wie damals mit meinem neuen Heft. Die erste Seite gelingt vielleicht noch halbwegs. Die ersten Tage des neuen Jahres befolge ich sie nach Möglichkeit noch, meine guten Vorsätze. Aber schon sehr bald bekommen sie erste Risse. Sie beginnen zu bröckeln und nach gar nicht langer Zeit ist meistens nicht mehr so viel von ihnen übrig. Das kommt euch bekannt vor?

Schade eigentlich. Aber andererseits sind wir damit ja in allerbester Gesellschaft: Es geht uns doch allen so, oder zumindest so ähnlich. Und Gott weiß das!

Wie gut, dass wir immer wieder ganz neu mit ihm anfangen können. Er löscht sie alle aus, unsere Fehler und schlechten Angewohnheiten, unser Gezicke und unsere Bockigkeiten. Immer wieder schenkt er uns ein ganz neues, weißes und unbeschriebenes Heft. Und er freut sich jedes Mal wieder, wenn wir uns Mühe geben. Selbst wenn es nur bei den ersten Zeilen ist; und obwohl er weiß, dass wir es vermutlich schon auf den nächsten Seiten schon wieder versauen.

Das ist übrigens nicht nur am Beginn eines neuen Jahres so, sondern nach jedem Gebet, in dem wir Gott unsere Fehler sagen. Ein neuer Anfang, so oft wir ihn wollen.

Ist das nicht ein großes Geschenk und eine tolle Möglichkeit? Vor allem auch, weil Gott versprochen hat, dass niemand mehr in unserem Altpapier stöbert. Die misslungenen Seiten, die verkorksten Hefte – keiner wird sie jemals wieder sehen. Alle hässlichen Flecken, Eselsohren und Fehler – entsorgt auf Nimmerwiedersehen. Gespeichert werden nur die schönen Seiten, die gelungenen

Aufschriebe; eben das, worauf wir stolz sein können. Worauf warten wir noch – fangen wir neu an mit Gott! Wieder einmal! Jeden Tag neu!

Impulsfragen

1. Wenn du dich an die vergangene Zeit erinnerst – worauf bist du stolz? Welche Dinge sind dir gut gelungen? Bei welchen Gelegenheiten war Gott stolz auf dich?
2. Vielleicht willst du es dir aufschreiben – als kleine Motivationsspritze.
3. Woran erinnerst du dich lieber nicht mehr? Wofür schämst du dich vielleicht, was ist dir peinlich? Hast du vielleicht wegen irgendetwas Schuldgefühle oder ein schlechtes Gewissen?
4. Eine Möglichkeit wäre, diese Dinge aufzuschreiben und sie dann Gott zu sagen. Wenn du ihn um Verzeihung gebeten hast, kannst du den Zettel mit gutem Gewissen verbrennen – und vergessen, was du aufgeschrieben hast!
5. Wenn wir schon beim Aufschreiben sind – wie wäre es, wenn du einen guten Vorsatz für den nächsten Tag / die nächste Woche aufschreibst? Irgendetwas, was du an dir ändern willst, worauf du besonders achten möchtest, was du vielleicht neu beginnen willst …
6. Wer weiß, vielleicht erraten deine Freundinnen und Freunde bis zum nächsten Treffen sogar, was du dir vorgenommen hast; oder du versuchst, dahinterzukommen, was sie sich vorgenommen haben …

Gebet

Lieber Gott!
Wieder einmal bin ich so
durch ein Jahr gestolpert,
ohne wirklich einen Plan und ein Ziel zu haben.
Jetzt – ganz am Ende– fällt mir wieder ein,
dass ich mich doch eigentlich verbessern wollte.

Wo sind sie denn geblieben, meine guten Vorsätze?
Verloren irgendwo zwischen Fußball, Kumpels und Zocken?
In Vergessenheit geraten inmitten von Instagram, YouTube und Shopping-Touren mit den Mädels?

Ja, ich habe zu viel Zeit sinnlos verbracht,
mich zu wenig auf die wirklich wichtigen Dinge konzentriert.
Hilf mir, Gott,
sinnvoll mit meiner Zeit umzugehen.
Hilf, dass ich neue gute Vorsätze fassen kann,
und gib mir die Kraft und die Motivation,
diese dann auch umzusetzen.
Darum bitte ich dich
in Jesu Namen.
Amen

Anmerkungen und Quellenverzeichnis

1 Vgl. https://www.kirche-im-swr.de/?page=beitraege&id=12184, abgerufen am 21.03.2021, abgeändert.

2 https://www.youtube.com/watch?v=Ktg5ga7jaH0, abgerufen am 02.09.2021.

3 Zum Beispiel hier: https://www.youtube.com/watch?v=y0ii627NunA, abgerufen am 02.09.2021.

4 Zum Beispiel hier: https://www.youtube.com/watch?v=IOZt8l-L4Hg, abgerufen am 02.09.2021.

5 Erschienen im Adeo-Verlag, 2015.

6 http://elfriedejelinek.com/andremuller/interview%20mit%20harald%20schmidt.html, abgerufen am 3.2.2021.

7 Zum Beispiel hier: https://www.youtube.com/watch?v=R-WOneEXr00, abgerufen am 02.09.2021.

8 Zum Beispiel hier: https://www.youtube.com/watch?v=Wekp8XB4AoE, abgerufen am 02.09.2021.

9 Unter anderem gefunden auf: https://weisewortwahl.de/alter-mann-eitern-kinder-erziehung-weisheiten-geschichten-herz-grossvater-enkel/, abgerufen am 18.07.2021.

10 Zum Beispiel hier: https://www.youtube.com/watch?v=vp-KrwqFqsk, abgerufen am 02.09.2021.

11 https://www.bundespraesident.de/SharedDocs/Reden/DE/Johannes-Rau/Reden/2001/05/20010522_Rede.html, abgerufen am 24.03.2021.

12 http://martin-niemoeller-stiftung.de/martin-niemoeller/als-die-nazis-die-kommunisten-holten, abgerufen am 23.03.2021.

13 Unter anderem gefunden auf: https://www.folgemirnach.de/2012-04-louis-pasteur-a2915.html, abgerufen am 20.11.2020.

14 Zum Beispiel hier: http://abenteuergebet.ch/wp-content/uploads/2012/11/Abenteuer-Gebet-Kids_Beilage-zu-Einheit-10-Theater-Vaterunser.pdf; abgerufen am 08.09.2021.

15 Abgerufen am 08.09.2012.

MIX
Papier aus verantwortungsvollen Quellen
FSC® C014496
www.fsc.org

Bibliografische Information der Deutschen Nationalbibliothek:
Die Deutsche Nationalbibliothek verzeichnet diese Publikation in der Deutschen Nationalbibliografie; detaillierte bibliografische Daten sind im Internet über http://dnb.d-nb.de abrufbar.

Gesamtgestaltung: Grafikbüro Sonnhüter,
www.grafikbuero-sonnhueter.de,
unter Verwendung eines Bildes von
© G-Stock Studio, (Shutterstock.com)
Lektorat: Rahel Dyck, Bonn
Verwendete Schriften: Downhill, Sofia, Minion
Gesamtherstellung: GGP Media GmbH, Pößneck
Printed in Germany
ISBN 978-3-7615-6841-5 Buch
ISBN 978-3-7615-6842-2 E-Pub

www.neukirchener-verlage.de